Übungen des praktischen Lebens
für Kinder unter drei Jahren

|M|o|n|t|e|s|s|o|r|i| |P|r|a|x|i|s|

Herausgegeben von
Michael Klein-Landeck und Tanja Pütz

Übungen des praktischen Lebens
für Kinder unter drei Jahren

Jutta Bläsius

Übungen des praktischen Lebens

für Kinder unter drei Jahren

HERDER

FREIBURG · BASEL · WIEN

FSC
www.fsc.org

MIX
Paper from
responsible sources
FSC® C010798

2. Auflage 2013
© Verlag Herder GmbH, Freiburg im Breisgau 2012
Alle Rechte vorbehalten
www.herder.de

Umschlagkonzeption und -gestaltung: Berres & Stenzel, Freiburg
Umschlagfoto: © Hartmut W. Schmidt, Freiburg
Fotos im Innenteil: Jutta Bläsius
Layout: Berres & Stenzel, Freiburg
Satz und Gestaltung: post scriptum,
Emmendingen / Hinterzarten
Herstellung: Graspo CZ, Zlín

Printed in the Czech Republic
ISBN 978-3-451-32545-8

Inhalt

Einleitende Worte

Die frühkindliche Bildung gewinnt in Deutschland mehr und mehr an Bedeutung. Eltern erkennen zunehmend den hohen Stellenwert der ersten drei Lebensjahre im Hinblick auf die Erziehung und Bildung ihrer Kinder und geben ihr Bestes, um ihre Sprösslinge bereits vor und erst recht ab der Geburt in den unterschiedlichsten Bereichen zu fördern. So werden bereits Ungeborene mit klassischer Musik beschallt. Den Allerkleinsten wird Babyschwimmen, die Teilnahme am Musikgarten-Programm oder Kurse für Gebärdensprache verordnet. Praktische und theoretische Fachliteratur wird zu Rate gezogen. Altersgerechte Spielprogramme und Lernmaterialien überfluten die Kinderzimmer.

Boom der frühkindlichen Bildung

Auch die Politik forciert die Förderung der unter Dreijährigen, da erkannt wurde, welche große Bedeutung die bereits in den ersten Lebensjahren bereitgestellten Bildungsangebote für den weiteren Lernerfolg der Kinder haben. Schon in dieser frühen Phase wird das Fundament für die gesunde geistige, moralische, kulturelle und körperliche Entwicklung gelegt und die Weichen für eine positive Bildungslaufbahn gestellt. Demzufolge arbeitet die Bildungspolitik daran, ausreichende Betreuungsplätze für die unter Dreijährigen in Krippen, in der Tagespflege oder in integrativen Einrichtungen zur Verfügung zu stellen, auch damit alle gesellschaftlichen Schichten und Gruppen den gleichen Zugang zu Bildungsangeboten haben.

All dies führt zu einer Neuorientierung und einer Umstrukturierung der bisherigen Bildungslandschaft und stellt die Verantwortlichen immer wieder vor vielerlei Herausforderungen. So gilt es unter anderem, wissenschaftlich fundierte Aufklärungsarbeit auf allen Ebenen (Gesellschaft, Eltern, Einrichtungen …) zu leisten, pädagogische Konzepte zu entwickeln, die Ausbildung pädagogischer Fachkräfte (Früherzieherinnen) zu forcieren, geeignete Rahmenbedingungen für die frühkindliche Bildung zu schaffen oder altersgerechte und sinnvolle Spiel- und Lernangebote für die Allerkleinsten zu finden.

Montessori-Pädagogik

Bei der Suche nach brauchbaren und vor allem sinnvollen Entwürfen lohnt es sich, einen Blick auf die Montessori-Pädagogik zu werfen. Sie verfügt über ein methodisch wie didaktisch gut ausgebautes und systematisch entwickeltes Konzept auf nationaler und internationaler Ebene, das den neuesten wissenschaftlichen Erkenntnissen in der Kleinkindforschung durchaus standhalten kann.

Vor allem die »Übungen des täglichen Lebens« sind ein geeignetes Instrument, um unter Dreijährige altersgemäß, spielerisch und zudem noch äußerst kostengünstig in allen bildungsrelevanten Bereichen zu fördern. Die Übungen sind ein fester Bestandteil der Montessori-Pädagogik. Ein Blick auf Maria Montessoris Bild vom jungen Kind, auf die Grundbegriffe ihrer Pädagogik und auf die Ziele der Übungen verdeutlichen dies.

Auf der Basis dieser kurzen theoretischen Einführung fällt es leicht, die im praktischen Teil beschriebenen Ideen in der täglichen Arbeit mit den »Kleinen« sinnvoll umzusetzen.

Viel Spaß dabei!   *Jutta Bläsius*

I.
Grundlagen

1. »Der Anfang ist entscheidend!« Maria Montessoris Bild vom jungen Kind

Die Erziehungskonzepte, die Maria Montessori entwickelt hat, sind in erster Linie für die 3- bis 6-Jährigen (Kinderhaus) und für die Grundschule bestimmt. Sie hat sich aber auch immer wieder intensiv mit den »Allerkleinsten« beschäftigt. Vor allem die Texte zu einer Vortragsreihe 1922 in Brüssel, die in dem Buch *Das Kind in der Familie* zusammengefasst sind, geben einen Einblick in ihre Vorstellungen über die Erziehung des Kleinkindes, und zwar unter besonderer Berücksichtigung der Familienerziehung. Adressaten sind neben den pädagogischen Fachkräften ausdrücklich auch die Mütter und Väter! Maria Montessori betont immer wieder die Bedeutung der ersten drei Lebensjahre und schreibt:

»Man muss sich stets vor Augen halten, dass der Mensch sich nicht an der Universität entwickelt, sondern dass seine geistige Entwicklung bei der Geburt beginnt und in den ersten drei Jahren am stärksten ist. Diesen ersten Jahren gebührt mehr als allen anderen die wachsamste Sorge« (Montessori 2007: 6).

Bedeutung der ersten Jahre

Aber für einen guten Start ins Leben wird ihrer Meinung nach viel zu wenig getan. Das Neugeborene wird nirgends in würdiger Weise empfangen. Überzeugt davon, dass bereits das Leben als Embryo und die Erlebnisse des Säuglings großen Einfluss auf die Entwicklung des heranwachsenden Menschen nehmen, prangert sie immer wieder die inhumanen Bedingungen an, unter denen zu ihrer Zeit die Geburt und die anschließende Pflege eines Kindes stattfinden. Sie verlangt hier ein radikales Umdenken, setzt sich für eine wissenschaftlich fundierte Behandlung des Neugeborenen ein und fordert z. B. Vorkehrungen (wie sie heute auch üblich sind), die ihm nach der Geburt die Anpassung an das Leben erleichtern (Montessori 2011a: 9 ff).

Maria Montessori betont, dass das Kind gerade im Alter von 0–3 Jahren ein überwältigendes Werk des Aufbaus vollbringt: Es formt von sich aus den zukünftigen Menschen. Sie bezeichnet das Kind daher als *Baumeister des Menschen* und betont, dass es niemanden gibt, der nicht von dem Kind, das er selbst einmal war, gebildet wurde (vgl. Montessori 2007: 13).

Sie fordert vom Erwachsenen, im Heranwachsen des Kindes nichts dem Zufall zu überlassen, sondern seine Entwicklung von Geburt an zu unterstützen und mit größter Sorgfalt zu überwachen. Sie sieht sogar schon zu ihrer Zeit die Notwendigkeit besonderer »Schulen« (d. h. vorschulischer Einrichtungen) für kleine Kinder, vor allem für Kinder von ein bis eineinhalb Jahren, und hält es für die Pflicht der Mütter und der Gesellschaft im Allgemeinen, die Kinder am Leben in der Gemeinschaft teilhaben zu lassen und sie nicht zu isolieren (vgl. Montessori 2007: 116).

Rolle der Erwachsenen

Maria Montessoris pädagogische Grund- und Leitideen wurden an verschiedenen Orten bereits sehr früh in Montessori-Kinderkrippen an die Bedürfnisse von Kindern unter drei Jahren angepasst, z. B. in Ceylon (heute Sri Lanka), England oder den USA (New York). Auch in Deutschland existieren seit über 30 Jahren Spielstuben, Tagesstätten und Kinderhäuser für Kleinstkinder, in denen nach der Montessori-Methode gearbeitet wird.

Aufgabe des Erwachsenen ist es hier nicht, das Kind zu lehren. Dies ist nämlich zum einen gar nicht möglich, wie die Forschung über die frühe Kindheit weiß: Lernprozesse vollziehen sich nicht dadurch, dass das Kleinkind belehrt und unterrichtet wird. Es gilt vielmehr, Gelegenheiten und Herausforderungen zu schaffen, die dazu geeignet sind, die Entwicklung des Kindes zu fördern (vgl. Liegle 2007). Zum anderen ist lehren auch nicht nötig: Das Kind hat nach Maria Montessoris Vorstellung von Geburt an einen wachsamen inneren Lehrmeister in sich (vgl. Montessori 2007: 4). Diesen gilt es in allen Bereichen und nach unseren besten Möglichkeiten zu unterstützen.

Die Altersmischung, die ein fester Bestandteil der Montessori-Methode ist, garantiert, dass Kinder unterschiedlichen Alters und daher mit unterschiedlichen Charakteren und Fähigkeiten sich gegenseitig beobachten und inspirieren und dass sie somit in allen Bereichen, vor allem auch auf der sozialen Ebene, voneinander lernen.

Gerade den »*Übungen des täglichen Lebens*« kommt in einer solchen altersgemischten Gemeinschaft eine besondere Bedeutung zu. Das junge Kind erlebt gewissermaßen wie in der Familie die vielfältigen, täglich anfallenden »Hausarbeiten«, die das Zusammenleben einer Gruppe notwendig macht. So kann es tagtäglich Erwachsene und andere Kinder beim Tischdecken, Wäschefalten oder Geschirrspülen beobachten und sich zu gegebener Zeit selbst in diesen Tätigkeiten üben. Die entsprechenden Materialien stehen bereit.

2. »Lea will alleine!« Die »Übungen des täglichen Lebens«

Kinder streben von Geburt an nach Selbstständigkeit, sowohl auf psychischem als auch auf physischem Gebiet. Dies betont Maria Montessori immer wieder. Bereits junge Kinder können und wollen im Rahmen ihrer Möglichkeiten z. B. alleine essen, bei der Nahrungszubereitung helfen, sich alleine an- und ausziehen, einfache pflegerische Handlungen übernehmen oder sich bei der Hausarbeit nützlich machen. Sie fordern dies immer wieder mit einem unmissverständlichen und energischen »Will alleine!«

Streben nach Selbstständigkeit

Maria Montessori erkannte die Bedeutung dieser Arbeiten für das Kind. Sie sieht darin sein ständiges Streben, sich die Welt zu erobern und unabhängig vom Erwachsenen zu werden.

Als dem ausführenden Organ kommt der Hand in diesem Prozess eine besondere Bedeutung zu:

»Die Hand ist jenes feine, komplizierte Organ, das es der Intelligenz gestattet, nicht bloß kundzugeben, sondern in ganz bestimmte Beziehungen zur Umwelt zu treten. Man kann sagen, der Mensch ›ergreife‹ mit seiner Hand Besitz von dieser Umwelt« (Montessori 1992: 89).

Alleine essen – ein großer Schritt in Richtung Selbstständigkeit!

Welche wichtige Rolle die Hand im Entwicklungsprozess des Kindes spielt, beschreibt Hildegard Holtstiege: »*Die Entwicklung der Hand steht in Verbindung mit der Entwicklung der Bewegung und Intelligenz, des aufrechten Ganges und der Sprache sowie der emotional-sozialen und sittlich-moralischen Dimension des kindlichen Menschen*« (Holtstiege 2010: 17).

Leider unterstützt der Erwachsene nicht immer das Bestreben des jungen Kindes, sich in der handelnden Auseinandersetzung mit den Alltagsgegenständen seine Welt zu erobern. Er ist vielmehr in Sorge, das Kind könne sich z. B. bei der Arbeit verletzen, sich zu viel zumuten, zu viel Zeit für eine Tätigkeit verschwenden oder sogar einen Gegenstand kaputtmachen.

Ein Ball – rund, nass, kalt, glitschig, ledrig, glatt …! Die Hände als erkundendes Organ

Montessori sah jedoch in den Beschäftigungen des Kindes nicht etwa ein planloses Ergreifen eines Gegenstandes, das bloß Unordnung schaffen würde oder zerstörerisch wäre.

Kindliche Aktivität

»Die konstruktive Bewegung nimmt ihren Ausgang von Handlungen, die das Kind in seiner Umgebung beobachtet hat. Immer sucht es solche Handlungen nachzuahmen, die sich auf den Gebrauch irgendeines Gegenstandes beziehen. Das Kind versucht mit den Gegenständen dasselbe zu tun, was es bei den Erwachsenen gesehen hat« (Montessori 1992: 90).

Maria Montessori beobachtete die Kinder sehr genau, wenn sie die Tätigkeiten Erwachsener nachahmten. Sie erkannte, dass es nötig ist, für das Kind eine besondere Umgebung vorzubereiten, in der die Kinderhand angepasste Gegenstände findet, die es zur Tätigkeit auffordern. Dann, so schreibt sie, »*sind bereits ganz kleine Kinder zu Leistungen fähig, die uns durch ihre Geschicklichkeit und frühreife Präzision in helles Erstaunen versetzen*« (Montessori 1992: 94).

Übungen des täglichen Lebens

Auf der Basis ihrer Beobachtungen hat Maria Montessori spezielle Übungen entwickelt, die dem Kind die aktive Auseinandersetzung mit den Dingen des Alltags ermöglichen und die es im Streben nach Selbsttätigkeit und Selbstständigkeit unterstützen: die »*Übungen des täglichen Lebens*«. Hier kann das junge Kind sich in einem geschützten

Blumen gießen wie die Großen

Rahmen handelnd mit den verschiedensten Alltagsgegenständen auseinandersetzen, deren Funktionen kennenlernen, ihren sinnvollen Gebrauch üben und dadurch Sicherheit gewinnen, den Zusammenhang von Ursache und Wirkung erfahren und überhaupt Zusammenhänge erkennen. Die nötigen Arbeitsmaterialien stammen aus dem Alltag. Sie sind gebrauchsfähig, also keine Spielzeuge, und geben dadurch dem Kind die Möglichkeit, sich am Leben in der realen Welt und nicht in einer Scheinwelt (z. B. Puppenküche) sinnvoll einzubringen. Sie geben dem Kind zudem die Sicherheit, in seinem Tun ernst genommen zu werden.

Das Kind kann eine bestimmte Tätigkeit wie beispielsweise Strümpfe sortieren zweckfrei und vor allem in aller Ruhe und in seinem eigenen Tempo üben. Kein Erwachsener wird es, wie dies oft im hektischen Alltagsgeschehen vorkommt, da-

Strümpfe ausziehen macht immer wieder Spaß!

bei stören, es zur Eile drängen oder ständig seine Fehler korrigieren, da die Arbeit »sinnvoll« erledigt werden muss. Das Kind kann nach eigenen Maßgaben arbeiten und seine neu erworbene Fähigkeit zu gegebener Zeit der Gruppe und der Gemeinschaft zeigen.

Bei der Beobachtung der Kinder fiel Maria Montessori auf, dass ein Kleinkind, sobald es eine Arbeit gefunden hat, die sein Interesse weckt, diese zunächst viele Male wiederholt. Es ist dabei jedoch in keinster Weise am Ergebnis interessiert. Vielmehr steht die Handlung, die Freude am Tätigsein, am selbstständigen Arbeiten und an der Bewegung im Vordergrund seines Interesses.

So zieht es zum wiederholten Male seine Strümpfe aus, und zwar nur um des Ausziehens willen. Es spült ganz konzentriert immer wieder den Becher, obwohl er längst sauber ist. Es gießt und gießt und gießt die Topfblumen, obwohl sie bereits längst genug Wasser haben. Seine Arbeit ist erst dann beendet, wenn sein innerer Antrieb gesättigt ist.

Das Kleinstkind befindet sich in einer formativen Periode, in der es ihm zunächst nur um das Tun um des Tuns willen geht.

Tun um des Tuns willen

Im Laufe seiner Entwicklung durchläuft es weitere Stufen, die seine Persönlichkeit und seine soziale Erziehung fördern und in denen sowohl die Genauigkeit als auch das Ergebnis und sein Nutzen für die Gemeinschaft an Bedeutung gewinnen.

Die *Übungen des täglichen Lebens* werden in vier Gruppen gegliedert:
- **Maßnahmen zur Pflege der eigenen Person** (z. B. kämmen, eincremen, Zähne putzen, Schuhpflege ...);
- **Übungen zur Pflege der Umgebung** (Staub wischen, fegen, Wäschepflege, den Tisch decken, spülen ...);
- **Übungen zur Pflege des sozialen Lebens** (jemanden begrüßen, jemandem etwas anbieten, auf den Boden gefallene Gegenstände aufheben, sich entschuldigen ...);
- **Übungen zum Einüben korrekter Bewegungen** (Gehen auf der Linie, Stille-Übungen).

Oberste Devise bei allen Übungen ist immer der von Maria Montessori zitierte Satz der Kinder: »Hilf mir, es selbst zu tun!« Denn nur das Kind selbst kann seine Wachstumsauf-

Auch Begrüßen will gelernt sein!

gabe vollbringen. Dies entspricht seinem inneren Bedürfnis und hilft ihm, sich selbst zu entwickeln, um eines Tages ein lebenstüchtiger Mensch zu werden. Diese Arbeit können und dürfen wir ihm nicht abnehmen! Sobald der Erwachsene in die Arbeit des Kindes eingreift und sie statt seiner ausführt, verhindert er dessen Entwicklung, hält sie auf oder bringt sie in irgendeiner Hinsicht vom richtigen Weg ab (vgl. Montessori 2011a: 7f). Hat das Kind jedoch die Möglichkeit, aus eigener Erfahrung zu lernen, so erlangt es nicht nur mühelos einen großen Zuwachs an Wissen und Können, sondern es gewinnt zudem Vertrauen in seine Fähigkeiten, Zufriedenheit und emotionale Ausgeglichenheit.

Kindgerechtes Angebot   Die Übungen entsprechen dem Bedürfnis des Kindes nach Teilhabe am gesellschaftlichen Leben, befriedigen seinen starken Bewegungsdrang und fördern seine Selbstständigkeit. Sie führen das Kind zudem in die Kultur seines Lebensumfeldes ein, denn die Angebote variieren je nach den sozialen und kulturellen Gegebenheiten und orientieren sich an dem Kulturkreis, in dem das Kind aufwächst. Sie geben vor allem dem jüngeren Kind, das sich erst in eine neue Gemeinschaft einfinden muss, immer wieder ein kleines Stück Sicherheit und Zuversicht in dem sonst noch recht fremden und unüberschaubaren Alltag in der Betreuungseinrichtung, da es sie von zu Hause kennt. Hier erlebt es tagtäglich ihm vertraute Personen bei der Verrichtung solcher alltäglich anfallenden Arbeiten.

3. »Das Ganze im Blick« – Die Grundgedanken der Montessori-Pädagogik

Da die »Übungen des täglichen Lebens« ein fester Bestandteil der Montessori-Pädagogik sind, ist es notwendig, einen kurzen Blick auf die Grundbegriffe dieser Methode zu werfen. Nur so wird das Bild, das Maria Montessori vom Kind hat, sowie ihr Verständnis von Bildung und Erziehung deutlich, und so wird dann auch die Einbettung der Übungen in das pädagogische Gesamtkonzept verständlich.

3.1 Der absorbierende Geist

Das frühe Kindesalter ist durch eine besondere Form geistigen Lebens charakterisiert, die Montessori den »absorbierenden Geist« nennt. Er ist von der Geburt an wirksam und nimmt in dem Maße ab, in dem das Bewusstsein des Kindes sich entwickelt.

Vorbewusste Geistesaktivität

Der absorbierende Geist ermöglicht es dem Kind, seine Umgebung gleichsam in sich aufzusaugen. Dies geschieht mühelos, ganzheitlich, unreflektiert und unbewusst, sozusagen einfach indem das Kind lebt. Es eignet sich so die Dinge und die Personen an, die es umgeben. Es erlernt z. B. die Sprache, verinnerlicht die Religion und überhaupt die Kultur und passt sich den sozialen Gegebenheiten der Umgebung an, in der es aufwächst.

> ■ Bereits Säuglinge müssen vielfältige Gelegenheiten haben, aktiv am sozialen Leben teilzunehmen, um alltagsrelevante Handlungen beobachten, mit allen Sinnen wahrnehmen und verinnerlichen zu können.
>
> ■ Achten Sie darauf, dass das Kind Ihr Tun möglichst oft im Blick hat und Sie aus einer guten Position heraus beobachten kann. Es eignet sich somit einen reichen Fundus an Eindrücken an, auf den es mit zunehmendem Alter zurückgreifen kann.

3.2 Die sensiblen Phasen

Sensible Phasen sind Entwicklungsabschnitte, in denen das Kind besonders empfänglich für das Erwerben bestimmter Fähigkeiten ist. Sie sind von kurzer Dauer, und bei ihnen geht es einzig und allein darum, dass das Kind sich eine ganz bestimmte Fähigkeit aneignet (z. B. die Fähigkeit zu krabbeln). Hat das Kind nicht die Möglichkeit, sich nach Maßgabe seiner sensiblen Phasen zu entwickeln, so versäumt es die Gelegenheit, sich bestimmte Fähigkeiten mühelos anzueignen. Die jeweiligen Eroberungen müssen nun durch reflektierende Tätigkeit, die mit Anstrengung verbunden ist und daher einige Willenskraft erfordert, nachgeholt werden.

Zeitfenster Die Existenz dieser Entwicklungsperioden ist inzwischen wissenschaftlich bestätigt (z. B. Spitzer 2002). In der neueren Forschung wird meist von Zeitfenstern oder kritischen Phasen gesprochen.

Maria Montessori beschreibt vor allem drei große sensible Perioden, die bereits im Alter von 0–3 Jahren auftreten:

Die sensible Periode für Ordnung

Schon im ersten Lebensjahr zeigt das Kind eine spezifische Liebe zur Ordnung. Die Störung der gewohnten Ordnung, das Abweichen von gewohnten Regeln, egal auf welcher Ebene, kann zu heftigen Reaktionen führen (vgl. Montessori 1992: 60 ff).

Wissenschaftliche Untersuchungen bestätigen, dass Kinder viel eher, als das früher angenommen wurde, Ordnungsschemata entwickeln. Bereits Säuglinge vergleichen, stellen Gemeinsamkeiten fest, treffen Unterscheidungen, kategorisieren und üben sich somit im Ordnen (vgl. Eliot 2001).

Klare Strukturen Erkennbare Strukturen sind von Geburt an lebensnotwendig, damit sich das Kind in seiner räumlichen, dinglichen, zeitlichen und auch sozialen Umgebung zurechtfinden kann. Sie geben ihm Orientierung und Sicherheit und befähigen es, mehr und mehr Ordnung in sein Erleben, Denken und Handeln zu bringen. Durch das Ordnen seiner äußeren Umgebung und auch seiner inneren Bilder, die es durch die Tätigkeit des absorbierenden Geistes gesammelt hat, gewinnt das Kind Klarheit. Die Beziehung zwischen den Dingen wird erkennbar, und alles fügt sich zu einem sinnvollen Ganzen zusammen.

Ordnungsübungen spielen in den ersten drei Lebensjahren eine wichtige Rolle. Dem jungen Kind müssen daher viele entsprechende Übungen angeboten werden. Diese befriedigen sein starkes Bedürfnis nach Ordnung und helfen ihm, Ordnungsstrukturen zu entwickeln und sich im Ordnen nach unterschiedlichen Kriterien zu üben.

> ■ Achten Sie darauf, dass z. B. Gegenstände im Haushalt geordnet platziert sind, so dass das Kind sich zurechtfinden und Ordnungsstrukturen erkennen kann. Stellen Sie z. B. Geschirrteile, die zum Essen benötigt werden, zusammen. Sammeln Sie in einer Schublade Bestecke und ähnliche Utensilien. Legen Sie in einem Schrank die im Haushalt benötigte Wäsche bereit. Das Kind kann so die zu einer Arbeit nötigen Dinge selbstständig finden (z. B. Geschirr und Besteck zum Tischdecken) und Ihnen bei vielem helfen.
>
> ■ Auch die Arbeit auf dem Tablett, auf einem Platzdeckchen oder einem Teppich hilft dem Kind, den Überblick zu behalten und seinen »begrenzten« Arbeitsplatz in Ordnung zu halten!

Die sensible Periode für Bewegung

Babys kommen mit einem großen Bewegungsdrang auf die Welt, der ihnen angeboren ist. Er hilft ihnen, die nötigen Entwicklungsschritte (sich drehen, rollen, robben, krabbeln, sitzen, greifen …) zu bewältigen, bis das Kind mit dem Laufen schließlich einen der

1–4 Jahre: die sensible Phase für kleine Gegenstände und winzige Details

großen Meilensteine in Richtung Unabhängigkeit erreicht. Maria Montessori warnt eindringlich davor, in die unterschiedlichen Entwicklungsprozesse, vor allem in den des Laufenlernens, einzugreifen, um die Entwicklung zu forcieren. Als Ärztin und Wissenschaftlerin weiß sie, dass es sich hier um komplexe Reifungsprozesse handelt, an denen u. a. die Nerven, die Muskeln und das Gehirn beteiligt sind. Daher wird durch Beschleunigung die Entwicklung des Kindes ernsthaft geschädigt (Montessori 2007: 80–82).

Motorik   Als geeignetes Mittel, um die Motorik des Kindes sinnvoll zu fördern, empfiehlt sie, die Leibeserziehung durch Anknüpfung an das praktische Alltagsleben in das Leben der Kinder einzufügen. Vor allem die »Übungen des täglichen Lebens« stellen ihrer Meinung nach ein geeignetes Mittel dar, um die altersentsprechenden Bewegungen des Kindes in sinnvolle Bahnen zu lenken (Hebenstreit 1999: 83).

Hier wird vor allem die Entwicklung der Fähigkeiten der Hand, die mit der Entwicklung der Intelligenz verbunden ist, trainiert.

> ■ Führen Sie alle Arbeiten, die im Alltag anfallen, mit langsamen und deutlichen Bewegungen aus. Dies hilft dem Kind, die einzelnen Handlungen zu erkennen, voneinander zu unterscheiden und abzuspeichern.
>
> ■ Beziehen Sie die Kinder immer wieder ihrem Entwicklungsstand entsprechend in die Arbeiten mit ein, indem Sie ihnen kleine Aufträge, die mit Bewegung verbunden sind, erteilen. Bereits sehr junge Kinder können z. B. bei der Blumenpflege helfen, indem sie die Pflanzen zum Tisch tragen, die Blätter abstauben oder Pflanzenreste entsorgen.

Die sensible Periode für Sprache

Der »absorbierende Geist« ermöglicht es dem Kind, von Geburt an die Sprache, die es hört, in ihrer ganzen Komplexität und Vielschichtigkeit unbewusst aufzunehmen, um *Unbewusster* sie dann zum richtigen Zeitpunkt zu gebrauchen. Dabei ist es völlig egal, ob es sich um *Spracherwerb* eine primitive oder um eine sehr komplizierte Sprache handelt. Der Säugling trägt das Potenzial zum Erlernen aller Sprachen dieser Welt in sich. Das junge Kind lernt sie auf natürliche Weise und ganz ohne Lehrer.

»Das einzige Anzeichen, an dem sich das Einsetzen der sensiblen Periode für die Sprache von außen her erkennen lässt, ist das Lächeln des Kindes, seine offenbare Freude, wenn ihm kurze Wörter klar und erkennbar vorgesprochen werden. Oder wenn ihm der Erwachsene beim Schlafengehen ein Schlummerlied mit immer denselben Worten vorsingt« (Montessori 1992: 53).

> ■ Damit die sensible Phase für Sprache unterstützt wird, sollte das Kind nach Möglichkeit an vielen Alltagshandlungen teilhaben. Beschreiben Sie Ihr Tun und vor allem die Tätigkeiten am Kind (Wickeln, Baden, Füttern …) mit einfachen Worten. Das Baby

wird sie zwar noch nicht verstehen. Es erhält jedoch ein solides Sprachfundament, auf dem es aufbauen kann.

■ Mit ca. zwei Jahren ist das Kind alt genug, um die exakten Begriffe der Gegenstände kennenzulernen. Hierzu eignet sich die Drei-Stufen-Lektion vor oder nach einer Einführung. Dem Kind werden zwei bis drei verschiedene Gegenstände (z. B. Sieb und Teelöffel) gezeigt:

1. Stufe: »Das ist das Sieb!« Der Gegenstand wird gezeigt und benannt. Mit dem Teelöffel wird ebenso verfahren.

2. Stufe: »Gib mir das Sieb.« Der Gegenstand wird benannt, und dem Kind werden abwechslungsreiche Aufträge erteilt, die möglichst mit Bewegung verbunden sind (das Sieb wegbringen, wiederholen, hochhalten, jemandem zeigen ...). Das Kind übt sich im Zuordnen.

3. Stufe: »Was ist das?« Es wird nach den Namen der Gegenstände gefragt. Hier lässt sich feststellen, ob die Begriffe vom passiven in den aktiven Wortschatz übernommen wurden.

3.3 Die Vorbereitete Umgebung

Maria Montessori hat leider selbst keinen Entwurf für eine Vorbereitete Umgebung für Kinder von 0–3 Jahren entwickelt. Sie fordert jedoch, dass dem Kind bereits von Geburt an eine Umgebung geboten wird, deren Gestaltung sich an der Welt orientiert, in der es lebt.

»Es ist nötig, eine dem Kinde angepasste Umgebung zu schaffen, in der es die notwendigen Mittel jedes Grades seiner Entwicklung findet. In dieser müssen wir das Kind beobachten, um seine Bedürfnisse auf das genaueste zu erkennen« (Montessori 2005: 54).

Möbel, Materialien und Gegenstände müssen sich an der Größe und den Kräften der Kinder orientieren. Auf Ästhetik, Sauberkeit, Ordnung, Übersichtlichkeit und die Vollständigkeit der Materialien wird großer Wert gelegt. Außerdem hat alles seinen festen Platz im Raum.

Alltägliche Gebrauchsgegenstände für Kinderhände

- Alle »Übungen des täglichen Lebens« haben ihren festen Platz in einem offenen Regal. Jede Arbeit ist nur einmal vorhanden. Dies verhindert eine Reizüberflutung. Es macht zudem jede einzelne Übung interessanter und fordert die Kinder auf, darauf zu warten oder sich abzusprechen.
- Damit die durch Übung erworbenen Fähigkeiten (z. B. den Tisch decken) im häuslichen bzw. institutionellen Alltag Anwendung finden können, ist es nötig, dem Kind auch hier entsprechende Voraussetzungen zu schaffen. Ein niedriger Schrank mit Regalbrettern, auf denen Teller, Tassen, der Besteckkorb usw. stehen, ermöglicht es ihm, ohne die Hilfe eines Erwachsenen selbstständig tätig zu sein.

3.4 Die Materialien

So wie es an einem Entwurf für eine Vorbereitete Umgebung fehlt, existieren leider auch keine originalen Montessori-Materialien für die Altersstufe von 0–2,5 Jahren. Bei dem von Maria Montessori konzipierten Kinderhaus-Material handelt es sich in der Regel um Entwicklungsmaterialien für 2,5- bis 6-jährige Kinder. Diese sind für die Altersstufe der 0- bis 2,5-Jährigen nicht geeignet! Das Kleinstkind benötigt vielmehr solche Dinge, die sein spezielles Interesse wecken und die seinem großen Bedürfnis nach Bewegung Rechnung tragen. Hierzu zählen sowohl die in jüngster Zeit von einer niederländischen Firma entwickelten Montessori-Toddler-Materialien als auch einfache »Übungen des täglichen Lebens«.

Kriterien für gute Materialien

Alle Materialien, die dem Kind an die Hand gegeben werden, müssen nach Maria Montessori bestimmte Kriterien erfüllen.

- Die Materialien für die »Übungen des täglichen Lebens« sollen handlich und ästhetisch, also schön in den Farben und Formen sein und einen hohen Aufforderungscharakter besitzen. Sie müssen ferner vollständig sein; kaputte oder fehlende Gegenstände werden sofort ersetzt. Alles soll zudem voll funktionsfähig sein (keine Attrappen!).
- Gerade bei den unter Dreijährigen ist in besonderem Maße darauf zu achten, dass von den Materialien keine Gefahr ausgeht (z. B. verschlucken, Finger einklemmen, sich strangulieren ...).

3.5 Die Wiederholung der Übungen

Die Wiederholung einer Übung ist in der Montessori-Pädagogik ein wichtiges Kriterium innerhalb eines jeden Lernprozesses. Durch ständiges Wiederholen ein und derselben

Tätigkeit (z. B. Sand hin- und herschütten) lernt das Kind seine Handlungen, Denkstrukturen und Bewegungsmuster mehr und mehr zu beherrschen, zu festigen und zu verfeinern.

Aus der heutigen Gehirnforschung wissen wir, dass die Wiederholung einer Arbeit zur »Myelinisierung« der Nervenbahnen im Gehirn führt (d. h. zu einer Ummantelung der Nervenfasern mit Myelin). Die Informationen in Form elektrischer Impulse werden dadurch wesentlich schneller weitergeleitet, wodurch Wissen gefestigt und Handlungsabläufe automatisiert werden. *Funktion der Wiederholung*

Maria Montessori fordert den Erzieher auf, dem Kind die Möglichkeit zur Wiederholung einer Arbeit zu geben, und zwar so lange und so oft, wie es dies will. Sie warnt sogar eindringlich davor, das Kind in seiner Tätigkeit zu unterbrechen, um z. B. seine Fehler zu verbessern oder um es vor dem Ermüden zu bewahren (Montessori 2010: 173).

3.6 Die freie Wahl der Tätigkeit

Dem Grundsatz der Wiederholung einer Übung fügt Maria Montessori den der freien Wahl hinzu.

Als Hilfe für das Kind sieht sie dabei die exakte Einführung der jeweils dem Alter und dem Entwicklungsstand des Kindes entsprechenden Übungen an. Dabei wird es mit den Arbeiten vertraut und lernt den Gebrauch der Dinge kennen. Erst wenn es die Dinge kennt, kann es wirklich frei wählen. Seine Wahl wird dabei von seinen jeweiligen, tief in seinem Inneren verborgenen Bedürfnissen gesteuert. Montessori schreibt: *Kindgemäße Freiheit*

»Alle Lebewesen haben die Fähigkeit, in einer komplizierten und vielseitigen Umgebung das und nur das auszuwählen, was zur Erhaltung des Lebens notwendig ist« (Montessori 2007: 245).

3.7 Die Polarisation der Aufmerksamkeit

Maria Montessori beobachtete immer wieder Kinder, die sich so intensiv mit einer Arbeit beschäftigten, dass sie die Dinge um sie herum völlig vergaßen. Sie spricht in diesem Zusammenhang von einem spezifischen Entwicklungsphänomen, dem Phänomen der Polarisation der Aufmerksamkeit.

Heute wissen wir, dass bereits Babys zu großer Konzentration fähig sind. Es handelt sich zunächst um eine natürliche oder autotelische (d. h. selbstzweckliche) innere Sammlung, die in der Wissenschaft auch als Flow bezeichnet wird (vgl. Csikszentmihalyi 1991). Das Flow-Erlebnis ist die erste Form der Konzentration, die Kinder von sich aus lernen. Es setzt immer dann ein, wenn die Tätigkeit selbst das Ziel ist, also kein anderer Sinn oder Nutzen darin liegt. *»Flow-Erlebnis«*

Montessori beobachtete, dass Kinder, die sich konzentriert auf eine Arbeit einließen, diese stets erfrischt und ausgeruht, voll Lebenskraft und mit dem Gesichtsausdruck von

Menschen, die eine große Freude erlebt haben, beendeten (vgl. Montessori 1992: 125). Csikszentmihalyis Untersuchungen bestätigen, dass die Flow-Erfahrung Endorphine (Glückshormone) freisetzt und jedes Flow-Erlebnis zur Stressreduzierung beiträgt.

Montessori erkannte hierin ein für die gesunde Entwicklung des Menschen notwendiges Phänomen, das von großer Wichtigkeit für das innere, seelische Wachstum ist und das zugleich einen der wichtigsten Bausteine menschlichen Lernens darstellt.

Damit es zur Polarisation der Aufmerksamkeit kommen kann, sind bestimmte Voraussetzungen nötig. Dazu zählen: die Bereitstellung entsprechender Gegenstände, ohne die das Kind nicht zur Konzentration gelangen kann, die Einführung jeder Übung unter Berücksichtigung der Analyse der Bewegungen, die Möglichkeit zur freien Wahl der Gegenstände und der Tätigkeiten und die Gelegenheit zur Wiederholung einer Übung.

> ■ **Beobachten Sie das Kind sehr genau in seinem Tun. Stellen Sie fest, dass es sich sehr intensiv mit einem Gegenstand beschäftigt, so stören Sie es auf keinen Fall in seiner Arbeit, denn:** »... *bereits ein kurzer Blick, ein einziges Wort, eine leichte Berührung oder eine gut gemeinte Hilfe genügen, um die Arbeit des Kindes zu unterbrechen oder sogar zu zerstören*« **(vgl. Montessori 2007: 252 f).**

3.8 Die Rolle des Erwachsenen

Anforderungen an die Pädagogen

Maria Montessori forderte bereits zu ihrer Zeit vehement eine Änderung der Haltung des Erwachsenen gegenüber dem Kind. Sie formulierte zahlreiche und durchaus nicht leichte Aufgaben, die der Erwachsene in der Pflege, Bildung und Erziehung des Kindes zu leisten hat. So soll er unter anderem über das Kind wachen und es beschützen; ihm dienen, ohne es zu bedienen; dem einzelnen Fall oder den Bedürfnissen entsprechend herbeieilen oder sich zurückziehen, sprechen oder schweigen; sich in Ruhe, Geduld, Barmherzigkeit und Demut üben; seine eigenen Impulse zurückhalten; die jeweiligen Aufgaben des Entwicklungsmaterials gut kennen; die Vorbereitete Umgebung pflegen und darüber wachen, dass ein in seine Arbeit vertieftes Kind nicht durch ein anderes gestört wird (vgl. Montessori 2010: 167 ff).

Sie fordert zudem einen Erzieher, der sich wissenschaftlich bildet. Dem tragen die etablierten Montessori-Diplomkurse und insbesondere die seit 2010 laufenden Ausbildungskurse zur »Früherziehung im Rahmen der Montessori-Pädagogik (0–4 Jahre)« Rechnung, die unter Berücksichtigung neuester wissenschaftlicher Erkenntnisse konzipiert sind (Kontaktadresse siehe Anhang).

4. »Warum sollte Tim Mais löffeln?« Die Ziele der »Übungen des täglichen Lebens«

1. Die Übungen führen das Kind in das praktische Leben, in die Lebensgewohnheiten, *Ziele* Sitten und Gebräuche seines Kulturkreises ein und ermöglichen ihm dadurch die Teilhabe am Leben in der Gemeinschaft.

2. Sie befriedigen den angeborenen Nachahmungstrieb des Kindes und kommen seinem starken Bewegungsdrang entgegen. Sie lenken, koordinieren und verfeinern seine Bewegungen.

3. Die Beschäftigung mit den unterschiedlichen Materialien schult die Handaktivität und damit die Intelligenz. Beidhändiges Arbeiten mit Überkreuzbewegungen fördert zudem die Vernetzung der Gehirnhälften.

4. Die Übungen machen komplexe Arbeitsabläufe transparent und Zusammenhänge deutlich.

5. Das Kind lernt eine Übung auszuwählen, sie bis zum Ende auszuführen und wieder ordnungsgemäß wegzuräumen. Es erlebt somit einen vollständigen Arbeitszyklus. Dies fördert eine positive Arbeitshaltung.

6. Im handelnden Umgang mit unterschiedlichen Gegenständen werden seine Sachkompetenz und seine Sprache erweitert. Zudem erwirbt das junge Kind erste mathematische Vorläuferkompetenzen.

7. Durch selbstständiges Handeln erfährt das Kind seine Selbstwirksamkeit. Diese ist eine wichtige Voraussetzung für die Entwicklung des Selbstvertrauens.

8. Das Kind gelangt mehr und mehr zur Selbstständigkeit und damit zur Unabhängigkeit vom Erwachsenen.

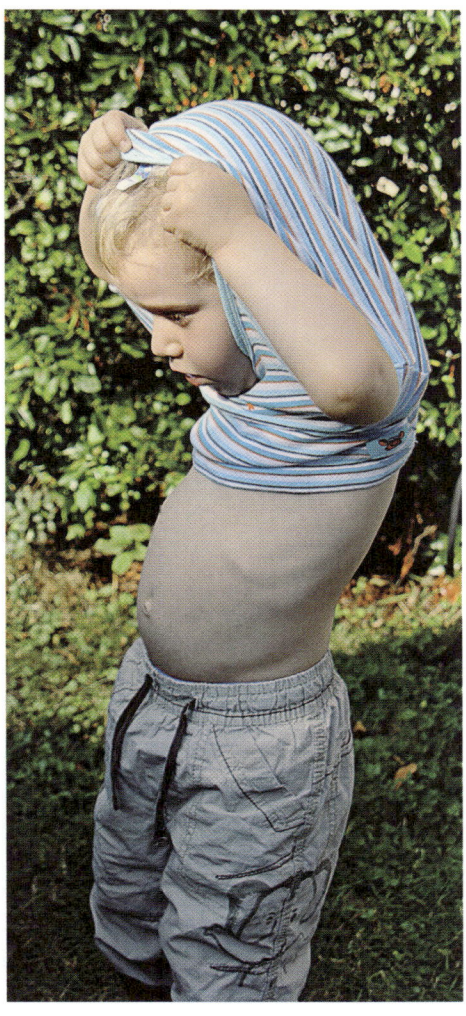

Selbstwirksamkeit erfahren

5. »Schau, so geht es!« Die Analyse der Bewegungen

Erwachsene sind sich der Komplexität einzelner Alltagshandlungen normalerweise nicht mehr bewusst. Sie verrichten automatisch und routiniert ihre tagtäglichen Arbeiten. Kinder dagegen müssen diese Geschicklichkeit und Routine erst erlernen. Maria Montessori gibt ihnen hierzu eine wichtige Hilfe: die Analyse der Bewegungen. Sie geht dabei von ihrer Beobachtung aus, dass das junge Kind in einem Alter ist, in dem es sich grundlegend für Bewegungen begeistert. Es ist vor allem an der exakten Ausführung einer Tätigkeit interessiert, um seine Bewegungen zu koordinieren und um darin immer sicherer zu werden. Die Analyse der Bewegungen hilft ihm, die einzelnen Handlungssequenzen, die verschiedenen Handgriffe einer Tätigkeit zu erkennen und sie exakt und getrennt voneinander auszuführen, ohne überflüssige Bewegungen.

Die dadurch erreichte Geschicklichkeit kommt nicht nur dem Kind zugute. Sie wirkt sich zudem auf die tagtäglich benutzten Gegenstände aus, indem diese durch den verantwortungsbewussten und sachgerechten Umgang geschont werden und dadurch länger halten. Maria Montessori nennt als Beispiel die Kleidung, die sich durch richtiges Auf- und Zuknöpfen nicht verzieht, Schlüssel und Schlösser, die geschont werden, oder Bücher, die durch angemessenes Umblättern der Seiten lange unbeschädigt bleiben (vgl. Montessori 2010: 99).

Ökonomische Bewegungen

Die vom Erwachsenen vor einer Einführung durchgeführte Analyse der Bewegungen stellt sicher, dass er sich die zu einer Übung notwendigen Bewegungsschritte bewusst macht und auf ein Minimum begrenzt. Auch die Reihenfolge der einzelnen Handlungssequenzen müssen wir uns einprägen, um sie dem Kind immer in der gleichen Abfolge zu zeigen. Nur so kann es sich eine komplexe Handlung – wie z. B. einen Schwamm ausdrücken – aneignen. Nur so kann das Kind die Arbeit verstehen, verinnerlichen und nachvollziehen. Im ständigen Wiederholen der Übung koordinieren, festigen und verfeinern sich seine Bewegungen schließlich mehr und mehr.

Die Analyse der Bewegungen beinhaltet:

- jede Übung vor der Einführung selbst auszuprobieren;
- sich die ökonomischste Handlungsabfolge mit den einzelnen Handlungsschritten einzuprägen;
- das Kind bei der Einführung so zu platzieren, dass es alle Bewegungen gut sehen kann (sind Sie Rechtshänder, am günstigsten links neben Ihnen);
- die Übung immer in der gleichen Reihenfolge und mit den gleichen Bewegungen zu zeigen;
- sparsame, exakte, langsame und überdeutliche Bewegungen auszuführen;
- so wenig wie möglich und nur so viel wie nötig zu sprechen.

6. »Aller Anfang ist schwer!« Das ist zu beachten!

Zum Abschluss dieser Einführung möchte ich nun noch einige Punkte nennen, die für die praktische Durchführung der Übungen generell wichtig sind:

Praktische Grundregeln

1. Stellen Sie jede Übung auf einem Tablett zusammen. Sie können auch zusätzlich ein Tischset zusammengerollt oder gefaltet auf das Tablett legen, auf dem das Kind dann arbeiten kann. Achten Sie auf jeden Fall darauf, dass das Tablett Griffe zum Tragen und einen etwas höheren Rand hat (geeignete Tabletts siehe Anhang).

2. Führen Sie vor jeder Einführung die Analyse der Bewegungen durch!

3. Suchen Sie für jedes Material einen festen Platz im Raum, nach Möglichkeit in einem offenen Regal. In manchen Einrichtungen zeigt ein Foto der jeweiligen Übung den Platz an, wo sie hingehört. Entscheiden Sie selbst, ob dies bei Ihnen passt.

4. »Übungen des täglichen Lebens« werden in der Regel im Sitzen an einem Tisch ausgeführt. Manche Arbeiten, vor allem die für sehr junge Kinder, sollten aber auch auf einem Teppich angeboten werden.

5. Jede Übung wird eingeführt. Laden Sie das Kind zum richtigen Zeitpunkt dazu ein. Es kann das Tablett vom Regal zum Tisch und am Ende der Übung wieder zum Regal tragen. Dadurch weiß es bereits, wo es das Material findet, wenn es die Übung wiederholen möchte.

6. Die sprachliche Auseinandersetzung (z. B. das Vermitteln von Begriffen oder das Beschreiben der Handlungen) erfolgt vor oder nach der Übung. Während der Übung wird nur das Nötigste gesprochen.

7. Das Kind kann nach der Einführung die Übung wiederholen, sooft und solange es möchte. Da jedes Material eine sachliche Fehlerkontrolle beinhaltet, müssen Sie nicht eingreifen!

8. Stellen Sie fest, dass das Kind mit der Arbeit überfordert ist, so beenden Sie die Übung möglichst unauffällig. Sie kann zu einem späteren Zeitpunkt erneut eingeführt werden.

9. Zu jeder Gruppe von Übungen sollten eine bis zwei Variationen vorhanden sein. Gerade in der modifizierten Version kann das Kind das bisher Geübte und Erlernte übertragen und sich seiner Fähigkeiten auch auf weiteren Schwierigkeitsstufen bewusst werden.

Fehlerkontrolle: Mais fällt aufs Tablett.

II.

Übungen

In dem nun folgenden praktischen Teil finden Sie eine Vielzahl an Ideen zu den unterschiedlichen Bereichen der »Übungen des täglichen Lebens«. Bitte beachten Sie, dass die dabei gegebene Reihenfolge keine Rangfolge der einzelnen Gruppen von Übungen darstellt. Eine solche Auflistung ist kaum möglich und zudem wenig sinnvoll, da jedes Kind seinem eigenen, inneren Plan folgt und individuelle Prioritäten setzt. So sind für Tobias momentan die Schütt- und Gießübungen wichtig, während sich Milia gerade ausschließlich für die Anziehrahmen interessiert, um endlich alleine die Jacke schließen zu können. Was ist nun wichtiger?

Auch auf eine Altersangabe wurde aus diesem und weiteren Gründen bewusst verzichtet. Aus eigenen Erfahrungen weiß ich, dass sie arg verwirren kann, denn Kinder gleichen Alters haben nicht zwangsläufig die gleichen Interessen und den gleichen Entwicklungsstand. Eine Altersvorgabe wäre sicher auch nicht im Sinne Maria Montessoris, die stets das einzelne Kind und seine Individualität im Blick hatte.

In der Regel kennen Sie als Eltern und auch als pädagogische Fachkraft die Interessen und Fähigkeiten des Kindes gut genug, um einzuschätzen, welche Übung momentan interessant und entwicklungsfördernd ist. Darüber hinaus werden die Kinder es Ihnen aber auch selbst unmissverständlich zeigen! Entspricht eine Arbeit nicht seinem momentanen Bedürfnis, wird das Kind sich auch nur oberflächlich damit beschäftigen und sie rasch beenden. Vielleicht zeigt es zu einem späteren Zeitpunkt noch einmal Interesse an der Übung, vielleicht aber auch nicht. Dies ist nicht weiter tragisch, denn es stehen schließlich genügend andere Übungen bereit. Bitte verstehen Sie den nun folgenden Praxisteil nur als kleine Ideensammlung, die Sie jederzeit variieren und ergänzen können. Anregungen hierzu erhalten Sie durch die Beobachtung der Kinder in ihrem Lebensalltag. Greifen Sie die Handlungen der Kinder auf und setzen Sie sie im Sinne Maria Montessoris um! So erhalten Sie schnell einen reichen Fundus an Materialien und Übungen, aus dem Sie immer wieder schöpfen können.

1. »Ordnung muss sein!« Sortierübungen

Junge Kinder lieben es, Dinge zu sortieren und zu ordnen. Maria Montessori sah hierin weit mehr als die Herstellung einer rein äußeren Ordnung. Sie ging davon aus, dass das Kind über dieses sichtbare Strukturieren zur inneren Ordnung gelangt (vgl. das oben über die sensible Phase für Ordnung Gesagte).

Sortieren spielt daher gerade im Alltag mit jungen Kindern eine wichtige Rolle. Dabei geht es darum, die unterschiedlichsten Merkmale von Gegenständen zu erkennen und sie nach entsprechenden Kriterien zu ordnen. Dies ist durchaus eine schwierige Aufgabe, die in den unterschiedlichsten Variationen immer wieder geübt werden kann. Junge Kinder sortieren erst einmal wenige Gegenstände zunächst nach nur einem Merkmal (Farbe, Form, Größe ...). Je geschickter die Kinder im Sortieren werden, umso vielseitiger können die Ordnungskriterien sein und umso mehr Material kann zum Einsatz kommen.

Beim Sortieren von Gegenständen erhält das Kind viele Informationen über deren Beschaffenheit. So vermittelt die Arbeit mit den unterschiedlichen Nüssen ihm z. B. Vorstellungen von Farben, Formen, Größen und Oberflächenstrukturen.

Die Kinder erwerben im spielerischen Ordnen der unterschiedlichsten Dinge wichtige mathematische Vorläuferkompetenzen (z. B. Mengen erfassen, Raumerfahrungen ...).

Die Übungen schulen des Weiteren die Feinmotorik, die Augen-Hand-Koordination, die Hand-Hand-Geschicklichkeit und die Konzentration.

Perlen sortieren

Das benötigen Sie:
große Perlen in 2–3 Farben; Glasschälchen; 2–3 Schalen in den Farben der Perlen; Tablett

Das ist vorzubereiten:
Die Perlen liegen in dem Glasschälchen. Anstelle der farbigen Schalen können Sie z. B. Klebefolie in den Farben der Perlen auf den Boden von Glasschälchen kleben.

So führen Sie die Übung ein:
Nachdem das Kind das Tablett zum Arbeitsplatz getragen hat, stellen Sie die farbigen Schalen nebeneinander. Nehmen Sie eine Perle aus dem Glasschälchen. Vergleichen Sie sie durch Nebeneinanderhalten mit den Farben der Schalen. Legen Sie sie in die passende Schale. Verfahren Sie mit 5–6 weiteren Perlen ebenso.

Laden Sie das Kind ein, die Übung fortzusetzen. Sind alle Perlen sortiert, kommen Sie wieder zurück in das Glasschälchen. Das Kind räumt das Tablett wieder weg.

Fehlerkontrolle:
- Falsch einsortierte Perlen ergeben ein unordentliches Gesamtbild.

Weitere Möglichkeiten:
- Bieten Sie unterschiedlich große Knöpfe zum Sortieren an.
- Tauschen Sie von Zeit zu Zeit die Farben aus.

Transfer zum Alltag:
Das Kind kann bei Sortierübungen helfen und nach Farben sortieren.

Haargummis ordnen

Das benötigen Sie:
Haargummis in 5 verschiedenen Farben; Sortierteller (z. B. Einsatz einer Geldkassette); Tablett

Das ist vorzubereiten:
Da sehr viele Farben im Einsatz sind, ist es sinnvoll, jeweils einen Gummi jeder Farbe in einem Fach festzukleben. So können junge Kinder schon sehr früh alleine arbeiten.

So führen Sie die Übung ein:
Das Kind trägt die Übung zum Tisch. Nehmen Sie einen beliebigen Haargummi und vergleichen Sie ihn nach und nach mit den Farben der Gummis in den einzelnen Fächern. Ist die passende Farbe gefunden, so legen Sie den Haargummi dort ab. Verfahren Sie mit 2–3 weiteren Gummis ebenso.

Dann bitten Sie das Kind, die Arbeit fortzuführen. Am Ende werden die Haargummis wieder zurück in das große Fach gelegt, bevor das Kind das Tablett zurück ins Regal bringt.

Fehlerkontrolle:
■ Es ergibt sich kein ordentliches Gesamtbild, da Farben falsch zugeordnet wurden.

Transfer zum Alltag:
Das Kind kann Farben voneinander unterscheiden und einander zuordnen.

Herbstfrüchte sortieren

Das benötigen Sie:
je 5–6 Nüsse, Eicheln und Kastanien; Korb; Sortierschale mit 3 Fächern; Tablett

Das ist vorzubereiten:
Alle Materialien kommen in den Korb. Der Korb und die Sortierschale stehen auf dem Tablett.

So führen Sie die Übung ein:
Begleiten Sie das Kind, wenn es das Tablett zum Tisch trägt. Stellen Sie das Tablett vor sich. Nehmen Sie eine beliebige Frucht heraus, ertasten und betrachten Sie sie. Legen Sie sie anschließend in eines der Fächer der Sortierschale. Greifen Sie erneut in den Korb. Auch diese Frucht wird kurz befühlt, betrachtet und in die Schale gelegt. Für jede der drei Früchte wird ein eigenes Sortierfach gewählt. Sind alle Früchte einander zugeordnet, kommen sie wieder zurück in den Korb.

Nun kann das Kind arbeiten. Beendet es die Übung, legt es wieder alle Früchte zurück in den Korb, bevor es das Tablett an seinen Platz im Regal bringt.

Fehlerkontrolle:
- Die einzelnen Sortierfächer ergeben kein geordnetes Gesamtbild.

Weitere Möglichkeit:
- Das Kind sortiert andere Materialien.

Transfer zum Alltag:
Das Kind kann Dinge voneinander unterscheiden und bei Sortierarbeiten helfen.

Dicke Bohnen und Mais trennen

Das benötigen Sie:
Schale mit 3 Fächern; Mais; getrocknete Bohnen

Das ist vorzubereiten:
Geben Sie den Mais und die Bohnen in die mittlere Schale.

So führen Sie die Übung ein:
Das Kind trägt die Schale zum Tisch. Stellen Sie sie vor sich. Greifen Sie eine Bohne und legen Sie sie in eine leere Schale. Greifen Sie ein Maiskorn und legen Sie es in die andere Schale. Sortieren Sie noch 3–4 weitere Körner bzw. Bohnen.

Dann schieben Sie die Schale vor das Kind und laden es ein, die Übung fortzusetzen. Sind Körner und Bohnen voneinander getrennt, werden sie am Ende der Übung wieder in das mittlere Fach gegeben. Das Kind trägt die Schale zurück zum Regal.

Fehlerkontrolle:
■ Es ergibt sich kein geordnetes Gesamtbild, da Körner und Bohnen falsch zugeordnet sind.

Weitere Möglichkeit:
■ Das Kind trennt andere Materialien voneinander (z. B. Muscheln oder Steine).

Transfer zum Alltag:
Das Kind kann Gegenstände voneinander unterscheiden und zuordnen.

Besteck sortieren

Das benötigen Sie:
Besteckkiste; 4 kleine Löffel; 4 Suppenlöffel; 4 Messer; 4 Gabeln; Vorlagen mit Abbildungen der einzelnen Besteckteile

Das ist vorzubereiten:
Stellen Sie Vorlagen her, auf denen jedes Besteck einzeln zu sehen ist (gezeichnet oder fotografiert). Legen Sie die Vorlagen in die einzelnen Fächer. Alles Besteck kommt in das größte Fach der Besteckkiste.

So führen Sie die Übung ein:
Das Kind trägt die Besteckkiste zum Tisch. Stellen Sie die Besteckkiste vor sich. Nehmen Sie ein beliebiges Besteckteil heraus (z. B. einen kleinen Löffel) und zeigen Sie es dem Kind. Schauen Sie sich demonstrativ in dem Besteckkorb um und betrachten Sie die einzelnen Abbildungen. Legen Sie den Löffel in das Fach, in dem auch die entsprechende Vorlage liegt. Suchen Sie die restlichen drei kleinen Löffel heraus und legen Sie sie dazu. Verteilen Sie die anderen Besteckteile auf die entsprechenden Fächer. Geben Sie schließlich alles Besteck wieder zurück in das große Fach.

Dann schieben Sie den Besteckkorb vor das Kind. Es kann nun tätig werden. Wenn es die Arbeit beendet hat, kommen alle Besteckteile wieder in das große Fach. Am Ende trägt das Kind den Besteckkorb zurück ins Regal.

Fehlerkontrolle:
▨ Besteck liegt in einem falschen Fach. Das Gesamtbild wirkt dadurch ungeordnet.

Weitere Möglichkeiten:
▨ Das Kind arbeitet ohne Vorlagen.
▨ Tauschen Sie von Zeit zu Zeit das Besteck aus (Besteck mit Holzgriffen, Kinderbesteck …).
▨ Bieten Sie dem Kind unterschiedliche Besteckkästen an (Holz, Plastik oder Korb).

Transfer zum Alltag:
Das Kind kann beim Einsortieren des Bestecks helfen, z. B. nach dem Spülen oder beim Ausräumen der Spülmaschine.

Strümpfe paaren

Das benötigen Sie:
4–5 Paar Strümpfe; 4–5 Wäscheklammern; kleines Schälchen; Korb; Tablett

Das ist vorzubereiten:
Wählen Sie für die Arbeit Strümpfe, die das Kind gut voneinander unterscheiden kann. Die Strümpfe kommen in den Korb, die Wäscheklammern in das Schälchen.

So führen Sie die Übung ein:
Zeigen Sie dem Kind den Platz der Arbeit im Regal und lassen Sie es das Tablett zum Tisch tragen. Nehmen Sie die Strümpfe aus dem Korb und legen Sie sie wahllos nebeneinander auf das Tablett. Nehmen Sie den ersten Strumpf und suchen Sie den passenden, indem Sie ihn neben die in der Reihe liegenden Strümpfe halten. Ist das Gegenstück gefunden, klammern Sie die Strümpfe mit einer Wäscheklammer fest und legen das Paar zur Seite. Verfahren Sie mit den restlichen Strümpfen ebenso. Sind alle Paare zusammengeklammert, werden die Strümpfe wieder entklammert und kommen zurück in den Korb.

Schieben Sie ihn nun zu dem Kind, damit es die Arbeit wiederholen kann. Am Ende der Übung werden die Strümpfe und Klammern wieder in die entsprechenden Körbe gelegt. Nun kann das Kind die Arbeit wegräumen.

Fehlerkontrolle:
- Die zusammengeklammerten Strümpfe ergeben kein optisch passendes Bild.
- Es bleiben ein oder mehrere Strümpfe übrig, die nicht zusammenpassen.

Transfer zum Alltag:
Das Kind kann Strümpfe einander zuordnen und z. B. bei der Wäschepflege helfen.

2. »Plötzlich sind die Korken weg!« Auf- und Einsteckübungen

Auf- und Einsteckübungen sind bei jungen Kindern sehr beliebt. Themen wie das Greifen, Ein- bzw. Aufstecken und anschließende Fallenlassen von Gegenständen sind hier integriert.

Zudem verschwinden die Materialien durch das Einstecken immer wieder. Dies ist nicht nur spannend, sondern es macht den Kindern außerdem deutlich, dass die Dinge auch dann noch existieren, wenn sie gerade nicht mehr sichtbar sind (Objektpermanenz). So verschwindet das Spielgeld in dem Sparschwein, die Korken fallen mit einem mehr oder weniger lauten Geräusch in die Chipsdose. Dabei wird auch deutlich, dass unterschiedliche Gegenstände beim Fallen recht unterschiedliche Klänge erzeugen.

Auf- und Einsteckübungen trainieren die Hand- und Fingermuskulatur, die Feinmotorik und die Augen-Hand-Koordination. Das Kind spürt, wie sich die unterschiedlichen Dinge, die es greift, anfühlen. Mathematische Vorläuferkompetenzen werden spielerisch erworben. Das Kind lernt z. B. Größenverhältnisse abzuschätzen oder Formen zuzuordnen und einzupassen.

Den Fisch füttern

Nuss-Wal; Schälchen; getrocknete dicke Bohnen; Tablett

Das ist vorzubereiten:
Füllen Sie den Wal mit Bohnen. Geben Sie diese anschließend in das Schälchen. Stellen Sie alle Materialien auf dem Tablett bereit.

So führen Sie die Übung ein:
Das Kind trägt das Tablett zum Tisch. Nehmen Sie eine Bohne aus dem Schälchen und geben Sie sie für das Kind gut sichtbar in das Maul des Fisches. Wiederholen Sie dies noch 2- bis 3-mal.

Schieben Sie das Tablett zu dem Kind und laden Sie es ein, die Übung fortzuführen. Hat der Wal alles »aufgefressen«, zeigen Sie dem Kind, wie es die Bohnen wieder in das Schälchen füllen kann. Am Ende der Arbeit kommen alle Bohnen in das Schälchen. Das Kind trägt das Tablett zurück zum Regal.

Fehlerkontrolle:
■ Das Material zum Füttern fällt auf das Tablett, auf den Tisch oder auf den Boden.

- Das Kind arbeitet mit der nicht dominanten Hand.
- Das Kind füttert den Wal mit anderen großen Materialien.
- Das Kind benutzt wesentlich kleinere Gegenstände zum Füttern.

Transfer zum Alltag:
Das Kind kann gezielt Material in eine Öffnung stecken.

Tischtennisbälle einlegen

Das benötigen Sie:
6–8 Tischtennisbälle; kleiner Tischmülleimer mit Klappdeckel; Körbchen; Tablett

So führen Sie die Übung ein:
Tragen Sie mit dem Kind das Tablett zum Arbeitsplatz. Nehmen Sie einen Tischtennisball. Öffnen Sie mit der Hand langsam den Deckel des Eimers und lassen Sie den Tischtennisball hineinfallen. Wiederholen Sie dies langsam und deutlich mit allen Bällen. Öffnen Sie den Deckel des Eimers und nehmen Sie die Bälle einzeln wieder heraus. Setzen Sie den Deckel wieder auf.

Das Kind kann nun die Tischtennisbälle im Eimer verschwinden lassen. Verliert es das Interesse an der Arbeit, werden alle Tischtennisbälle zurück in den Korb gelegt und das Tablett zum Regal getragen.

Fehlerkontrolle:
- Es liegen noch Tischtennisbälle im Korb.
- Tischtennisbälle fallen neben den Eimer.

Weitere Möglichkeiten:
- Bieten Sie dem Kind andere Materialien zum Einwerfen an.
- Das Kind arbeitet mit der nicht dominanten Hand.

Transfer zum Alltag:
Das Kind kennt den Umgang mit einem Eimer mit Schwingdeckel. Es kann z. B. Tischabfälle darin entsorgen.

Glasmurmeln einsetzen

Das benötigen Sie:
Solitär-Spiel; Glasmurmeln in der Anzahl der Vertiefungen; Körbchen; Tablett

So führen Sie die Übung ein:
Das Kind trägt das Tablett zum Tisch. Nehmen Sie eine Glasmurmel aus dem Körbchen und setzen Sie sie in eines der Löcher des Spielfelds.

Fragen Sie das Kind, ob es die Arbeit fortsetzen möchte. Sind alle Löcher mit Murmeln gefüllt, ist die Arbeit beendet. Das Kind legt alle Murmeln wieder zurück in das Körbchen und bringt das Tablett zurück zum Regal.

Fehlerkontrolle:
- Ein oder mehrere Löcher sind leer.

Weitere Möglichkeit:
- Das Kind benutzt andere runde Gegenstände zum Auflegen (z. B. Perlen oder kleine Pompons).

Transfer zum Alltag:
Das Kind kann Gegenstände in Vertiefungen einpassen.

Wattekugeln umfüllen

Das benötigen Sie:
2 große Gläser mit großen Öffnungen; Wattekugeln o. Ä.; Tablett

Das ist vorzubereiten:
Füllen Sie eines der Gläser mit Wattekugeln. Die beiden Gläser kommen auf das Tablett. Da es recht schwer zu transportieren ist, sollte es nach Möglichkeit an einem festen Platz im Raum stehen.

So führen Sie die Übung ein:
Stellen Sie das Tablett so vor sich, dass das volle Glas links und das leere rechts daneben steht. Greifen Sie mit der rechten Hand in das Glas mit den Wattekugeln. Nehmen Sie eine Handvoll heraus. Führen Sie die Hand in das leere Glas und legen Sie das Material langsam auf dem Boden ab. Wiederholen Sie dies, bis alle Wattekugeln in dem zuvor leeren Glas liegen.

Lassen Sie das Kind nun die Übung wiederholen. Es füllt nun also das Material von links nach rechts. Es kommt somit zu einer Überkreuzung der Mittellinie. Hierdurch wird gezielt die Zusammenarbeit beider Gehirnhälften trainiert.

Hat das Kind die Übung beendet, so achten Sie darauf, dass sich alle Wattekugeln in einem Glas befinden. Das Kind trägt das Tablett wieder zurück zum Regal oder lässt es auf dem Tisch stehen.

Fehlerkontrolle:
- Wattekugeln fallen auf oder neben das Tablett.
- Es befinden sich noch Wattekugeln in dem Glas, das eigentlich leer sein sollte.

Weitere Möglichkeiten:
- Tauschen Sie das Material aus und bieten Sie z. B. auch kleine Kieselsteine, Muscheln u. Ä. an.
- Das Kind arbeitet mit einer Augenbinde.

Transfer zum Alltag:
Das Kind kann Material mit der Hand sicher in ein Gefäß füllen (z. B. Haselnüsse in ein Glas geben).

Ein Sparschwein füllen

Das benötigen Sie:
Sparschwein; Plastik-Spielgeld; flaches Schälchen (z. B. Tonuntersetzer); Tablett

Das ist vorzubereiten:
Benutzen Sie ein Sparschwein, das möglichst ohne Aufdruck ist. Es soll sich zudem von unten öffnen lassen. Am günstigsten ist hier ein Gummistopfen, den die Kinder selbst entfernen und wieder einsetzen können. Stellen Sie die Materialien auf dem Tablett zusammen. Das Spielgeld liegt in dem Schälchen.

So führen Sie die Übung ein:
Das Kind trägt das Tablett zum Arbeitsplatz. Nehmen Sie ein Geldstück in die Hand. Halten Sie es über den Schlitz des Sparschweins. Führen Sie das Spielgeld langsam und deutlich in den Schlitz ein. Wiederholen Sie dies mehrmals. Fordern Sie das Kind auf, die Übung fortzuführen. Sind alle Geldstücke im Schwein verschwunden, drehen Sie es um. Zeigen Sie dem Kind, wie es den Verschluss öffnen kann. Schütten Sie das Geld zurück auf den Untersetzer und verschließen Sie die Öffnung langsam wieder.

Das Kind kann die Übung wiederholen, sooft es möchte. Am Ende legt es das Spielgeld wieder in das Schälchen und bringt das Tablett zurück zum Regal.

Fehlerkontrolle:
- Spielgeld fällt neben das Sparschwein, wenn das Kind den Schlitz nicht trifft.

Weitere Möglichkeiten:
- Das Kind arbeitet mit der anderen Hand.
- Das Kind füttert das Sparschwein mit echtem Geld.
- Das Kind steckt Papiergeld ein.
- Tauschen Sie das Sparschwein gegen andere Spardosen-Formen aus.

Transfer zum Alltag:
Das Kind kann Geld in ein Sparschwein oder eine Spardose stecken.

Zahnstocher einstecken

Das benötigen Sie:
Zahnstocher; Streuer; Schälchen; Tablett

Das ist vorzubereiten:
Prüfen Sie, ob die Zahnstocher durch die Löcher passen. Legen Sie alle Zahnstocher in das Schälchen. Ordnen Sie alle Materialien auf dem Tablett an.

So führen Sie die Übung ein:
Begleiten Sie das Kind, wenn es die Arbeit aus dem Regal nimmt und zum Tisch trägt. Nehmen Sie einen Zahnstocher aus dem Schälchen. Halten Sie ihn über ein beliebiges Loch. Führen Sie die Spitze in das Loch. Halten Sie die Hand mit dem Zahnstocher senkrecht über das Loch. Lassen Sie den Zahnstocher in das Loch gleiten und nach unten fallen. Führen Sie alle einzelnen Schritte langsam und für das Kind deutlich sichtbar aus! Wiederholen Sie noch 2- bis 3-mal das Einstecken und Fallenlassen der Zahnstocher.

Schieben Sie die Arbeit zum Kind und laden Sie es ein, die Übung zu Ende zu führen. Sind alle Zahnstocher im Glas, zeigen Sie dem Kind, wie es den Deckel aufschrauben kann. Die Zahnstocher werden vom Glas aus in das Schälchen geschüttet. Der Deckel wird wieder aufgedreht.

Das Kind kann die Übung auch wiederholen. Hat es die Arbeit beendet, kommen alle Zahnstocher zurück in das Schälchen. Das Tablett wird wieder zum Regal getragen.

Fehlerkontrolle:
- Die Zahnstocher fallen neben das Glas.
- Die Zahnstocher fallen nicht in das Glas, da das Kind sie nicht senkrecht ins Loch steckt.

Weitere Möglichkeit:
- Das Kind arbeitet mit der anderen Hand.

Transfer zum Alltag:
Das Kind kann Gegenstände einstecken.

Einsteckübung mit Korken

Das benötigen Sie:
leere Chipsdose; 10–15 Korken; Körbchen; Tablett

Das ist vorzubereiten:
Bekleben Sie die Chipsdose mit selbstklebender Folie. Schneiden Sie den Deckel kreuzförmig ein. Die Korken kommen in das Körbchen. Die Materialien werden auf dem Tablett angeordnet. Die Chipsdose sollte dabei liegen. So können die Kinder das Tablett besser tragen.

So führen Sie die Übung ein:
Das Kind trägt das Tablett zum Arbeitsplatz. Stellen Sie die Chipsdose vor sich. Nehmen Sie einen Korken aus dem Körbchen. Halten Sie ihn über den Deckel der Dose. Führen Sie ihn langsam in die Öffnung ein und lassen Sie ihn fallen. Wiederholen Sie dasselbe mit 2–3 Korken.

   Dann fordern Sie das Kind auf, weiterzuarbeiten. Sind alle Korken in der Dose, öffnen Sie den Deckel und schütten Sie sie zurück in das Körbchen. Die Dose wird wieder verschlossen. Achten Sie darauf, dass das Kind auch diese Arbeitsschritte genau beobachtet und alleine ausführen kann. Hat das Kind die Arbeit beendet, legt es alle Korken in das Schälchen. Die Dose wird verschlossen und das Material zurück an seinen Platz im Regal gestellt.

Fehlerkontrolle:
- Das Kind übt zu wenig Druck aus, so dass die Korken nicht durch den Einsteckschlitz gepresst werden.

Weitere Möglichkeit:
- Das Kind steckt andere Materialien in die Dose (Kastanien, große Perlen, Steine …).

Transfer zum Alltag:
Das Kind kann Material einstecken.

Die Magnettafel

Das benötigen Sie:

4–6 Magnete; kleine Magnettafel; kleines Körbchen; wasserfester Stift; Tablett

So führen Sie die Übung ein:

Das Kind trägt die Materialien auf dem Tablett zu einem Tisch. Legen Sie die Magnettafel vor sich. Nehmen Sie einen Magnet aus dem Körbchen und setzen Sie ihn auf die Tafel. Wählen Sie weitere Magnete und befestigen Sie sie an der Tafel. Anschließend werden die Magnete wieder abgezogen und in das Körbchen gelegt.

Nun kann das Kind die Arbeit ausführen. Am Ende trägt es das Tablett zurück zum Regal.

Fehlerkontrolle:

▪ Die Magnete haften nicht, da das Kind sie mit der falschen Seite auflegt.

Weitere Möglichkeiten:

▪ Tauschen Sie die Magnete von Zeit zu Zeit aus.
▪ Zeichnen Sie Kreise in der Anzahl der Magnete auf die Tafel. Das Kind platziert die Magnete in den Kreisen.

Transfer zum Alltag:

Das Kind kennt den Gebrauch von Magneten und kann diese anbringen und abnehmen.

CDs aufräumen

Das benötigen Sie:
CD–Spindel; CDs; flache Schale (z. B. Tonuntersetzer); Tablett

So führen Sie die Übung ein:
Begleiten Sie das Kind, wenn es das Tablett zum Tisch trägt. Zeigen Sie ihm langsam und deutlich, wie der Deckel der CD-Spindel abgenommen wird. Legen Sie ihn zur Seite. Nehmen Sie eine CD aus der Schale. Machen Sie das Kind auf das Loch in der Mitte der CD aufmerksam. Führen Sie die CD mit dem Loch über den Dorn der CD-Spindel. Lassen Sie die CD langsam nach unten gleiten. Wiederholen Sie dasselbe mit 2–3 weiteren CDs. Nehmen Sie die CDs wieder einzeln aus der Spindel und legen Sie sie zurück in die Schale. Setzen Sie den Deckel wieder auf die Spindel.

   Dann schieben Sie das Tablett zum Kind. Es kann nun tätig werden. Die Arbeit ist beendet, wenn das Kind wieder alle CDs in die Schale gelegt hat. Es trägt das Material zurück zum Regal.

Fehlerkontrolle:
■ Die CD kann nicht nach unten gleiten, da das Kind das Loch nicht trifft.

Weitere Möglichkeit:
■ Bieten Sie CD-Spindeln in unterschiedlichen Höhen an.

Transfer zum Alltag:
Das Kind kann CDs aufräumen bzw. aufstecken.

Die Untersetzer-Schublade

Das benötigen Sie:
Schubladen-Box mit Untersetzern; Tablett

So führen Sie die Übung ein:
Tragen Sie mit dem Kind das Tablett zum Arbeitsplatz. Stellen Sie die Schubladen-Box vor sich. Ziehen Sie langsam die einzelnen Untersetzer heraus. Legen Sie sie neben die Box auf das Tablett. Sind alle Untersetzer aus der Schublade gezogen, setzen Sie sie einzeln wieder ein. Auch dies geschieht mit langsamen Bewegungen.

Nun kann das Kind die Übung wiederholen. Am Ende der Arbeit befinden sich alle Schubladen in der Box, bevor das Kind das Tablett zum Regal zurückbringt.

Fehlerkontrolle:
▨ Ein oder mehrere Untersetzer können nicht eingeschoben werden.

Transfer zum Alltag:
Das Kind kennt die Technik des Einschiebens und kann diese im Alltag anwenden.

Auffädeln

Das benötigen Sie:
Maschenraffer; Schleuderhorn (Heulschlauch); Band; Körbchen; Tablett

Das ist vorzubereiten:
Schneiden Sie den Heulschlauch in ca. 5–6 cm große Stücke. Verknoten Sie ein kleineres Stück am Ende des Bandes. Verbinden Sie die Nadel mit dem anderen Ende des Bandes.

So führen Sie die Übung ein:
Das Kind trägt das Tablett zum Tisch. Nehmen Sie die Nadel in die eine Hand und greifen Sie mit der anderen ein Stück des Schleuderhorns. Schieben Sie das Teil über die Nadel. Halten Sie den Anfang der Nadel fest und lassen Sie das Ende los, so dass das Plastikrohr nach unten gleiten kann. Fädeln Sie ein oder zwei weitere Teile auf.

Laden Sie dann das Kind zum Weiterarbeiten ein. Sind alle Teile aufgefädelt, werden sie wieder in umgekehrter Arbeitsweise herausgezogen und zurück ins Körbchen gelegt. Am Ende trägt das Kind das Tablett zurück ins Regal.

Fehlerkontrolle:
■ Dem Kind gelingt das Auffädeln nicht.

Transfer zum Alltag:
Das Kind kennt die Technik des Auffädelns, z. B. für das Auffädeln von Apfelringen.

3. »Was versteckt sich da?« – Das Öffnen und Schließen von Gegenständen

Was mag sich wohl in der Dose verbergen? Welcher Schatz versteckt sich in dem kleinen Etui? Was geschieht, wenn ich den Wasserhahn zu weit aufdrehe? Das Öffnen und Schließen von Gegenständen ist – gerade für junge Kinder – eine immer wieder sehr spannende Beschäftigung, in der sie sich gerne üben.

Hier wird ihre kindliche Neugier befriedigt und Objektpermanenz erfahren. Das Kind kann sich handelnd mit den unterschiedlichen Dingen auseinandersetzen, deren Funktion entdecken und die Gegenstände in Beziehung zueinander bringen. Unterschiedliche Verschlusstechniken erfordern die ganze Aufmerksamkeit und Konzentration. Es gilt, die Muskelspannung den jeweiligen Verschlüssen entsprechend zu dosieren. Die Feinmotorik, die Augen-Hand-Koordination und – da beide Hände gefordert sind – die Hand-Hand-Koordination werden geschult.

Ältere Kinder trauen sich vielleicht sogar, mit einer Augenbinde zu arbeiten.

Einen Wasserhahn auf- und zudrehen

Das benötigen Sie:
Waschbecken in Kinderhöhe; evtl. kleiner Schemel; Handtuch

So führen Sie die Übung ein:
Verschließen Sie den Abfluss des Waschbeckens. Zeigen Sie dem Kind den Griff für das kalte Wasser und öffnen Sie ihn. Lassen Sie ein wenig Wasser laufen und drehen Sie den Hahn wieder zu.

Bitten Sie das Kind, dies zu wiederholen. Achten Sie darauf, dass es den Hahn nicht zu weit aufdreht. Lassen Sie das Kind mehrmals den Wasserhahn auf- und zudrehen. Es soll üben, den Wasserstrahl zu kontrollieren.

Erst wenn es die Handhabung des Griffs für kaltes Wasser beherrscht, zeigen Sie ihm den Griff für warmes Wasser. Das Kind lässt kaltes Wasser ins Becken laufen und gibt warmes Wasser hinzu.

Bei Einhebelmischern üben Sie zuerst in der Einstellung für kaltes Wasser und zeigen danach dem Kind, wie es den Hebel bedienen muss, um warmes Wasser zu bekommen.

Fehlerkontrolle:
- Das Wasser spritzt aus dem Wasserhahn, da das Kind ihn zu weit aufgedreht hat.
- Es läuft nur ganz wenig Wasser aus dem Hahn, da das Kind ihn zu wenig aufgedreht hat.

Transfer zum Alltag:
Das Kind kann einen Wasserhahn bedienen und sich dadurch z.B. alleine die Hände waschen oder bei Reinigungsarbeiten und beim Spülen helfen.

Schraubverschlüsse

Das benötigen Sie:
3–4 kleine, handliche Gläser mit Schraubverschluss; kleines Körbchen; Platzdeckchen; Tablett

Das ist vorzubereiten:
Achten Sie darauf, dass sich die Verschlüsse gut aufsetzen und drehen lassen.

So führen Sie die Übung ein:
Nachdem das Kind das Tablett zu einem Tisch getragen hat, rollen Sie das Platzdeckchen auf und legen es vor sich und das Kind. Nehmen Sie die Gläser und schrauben Sie die Deckel ab. Sie werden in das Körbchen gelegt. Stellen Sie die Gläser nun in einer Reihe hintereinander. Nehmen Sie einen beliebigen Deckel aus dem Körbchen. Probieren Sie aus, ob er auf das erste Glas passt. Lässt er sich aufschrauben, so führen Sie diese Bewegung langsam und überdeutlich aus. Stellen Sie das Glas zur Seite. Suchen Sie einen weiteren Deckel und versuchen Sie, ob er sich auf das nächste Glas schrauben lässt. Ist dies der Fall, schrauben Sie ihn langsam und mit deutlichen Bewegungen auf. Dann wird das Glas wieder zur Seite gestellt.

Passt der Deckel nicht, so nehmen Sie das nächste Glas. Passt er auch hier nicht, geht es weiter, bis das passende Glas gefunden ist.

Die Übung wird so lange fortgesetzt, bis jedes Glas einen Deckel hat.

Hiermit ist die Übung zunächst beendet. Schrauben Sie alle Verschlüsse wieder ab und stellen Sie die Ausgangsposition wieder her. Das Kind kann nun tätig werden. Es bringt am Ende das Tablett zurück ins Regal.

Fehlerkontrolle:
- Das letzte Glas und der letzte Deckel passen nicht aufeinander.

Weitere Möglichkeiten:
- Die Gläser werden von Zeit zu Zeit ausgetauscht.
- Bieten Sie Gläser mit Deckeln aus Blech und Plastik an.

Transfer zum Alltag:
Das Kind kann Gläser mit Deckel öffnen und verschließen (z. B. Marmeladenglas, Honigglas, Gurkenglas …).

Die Schubladen-Box

Das benötigen Sie:
kleine Schubladenbox mit 3 Schubladen (Schreibwaren- oder Spielwarenhandel); 3 Gegenstände; kleiner Korb; Tablett

Das ist vorzubereiten:
Probieren Sie aus, ob die Gegenstände in die Schubladen passen!

So führen Sie die Übung ein:
Fordern Sie das Kind auf, die Materialien auf dem Tablett zu einem Tisch zu tragen. Stellen Sie die Schubladenbox vor sich. Ziehen Sie die oberste Schublade auf. Wählen Sie einen Gegenstand aus dem Korb und legen Sie ihn in die Schublade. Schieben Sie die Schublade wieder zu. Verfahren Sie mit den beiden anderen Gegenständen ebenso. Dann legen Sie die Gegenstände wieder zurück in den Korb. Jetzt kann das Kind die Arbeit übernehmen. Wenn es sie beendet hat, bringt es das Tablett zurück ins Regal.

Fehlerkontrolle:
- In einer Schublade liegen zwei oder drei Gegenstände.
- Eine oder mehrere Schubladen sind leer.

Weitere Möglichkeit:
- Tauschen Sie von Zeit zu Zeit die Gegenstände aus.

Transfer zum Alltag:
Das Kind kann eine Schublade (z. B. Besteckschublade, Kommodenschublade) öffnen, einen Gegenstand hineinlegen und sie wieder schließen.

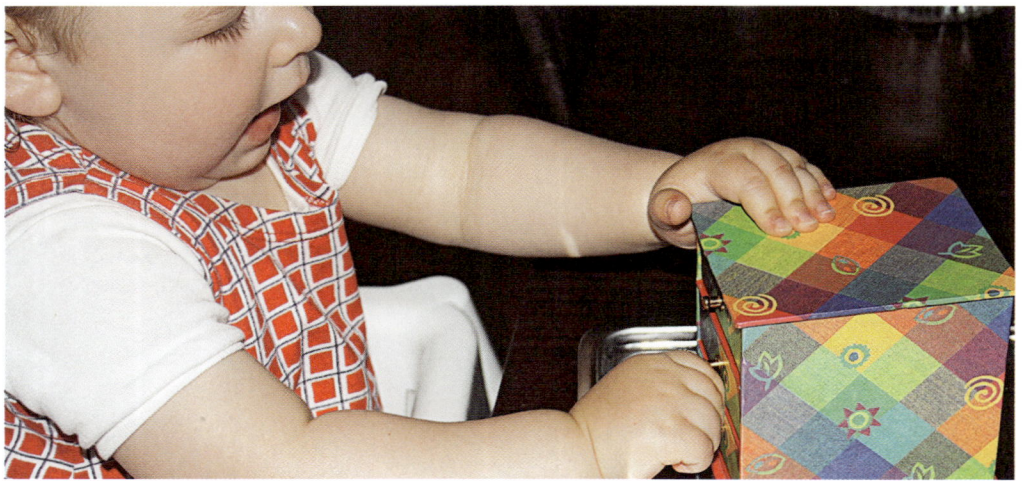

Pappschachteln öffnen und schließen

Das benötigen Sie:
3–4 kleine Pappschachteln mit einfachen Steckverschlüssen; 2 Körbchen; kleine Gegenstände, die in die Schachteln passen; Tablett

Das ist vorzubereiten:
Die Pappschachteln kommen in eines der Körbchen, die Gegenstände in das andere. Legen Sie alle Materialien auf das Tablett.

So führen Sie die Übung ein:
Bitten Sie das Kind, das Tablett zum Arbeitsplatz zu tragen. Nehmen Sie eine Schachtel aus dem Korb. Betrachten Sie sie genau. Lenken Sie die Aufmerksamkeit des Kindes auf den Steckverschluss. Öffnen Sie ihn. Nehmen Sie einen Gegenstand aus dem zweiten Körbchen und legen Sie ihn in die Schachtel. Dann verschließen Sie die Schachtel wieder und legen sie zur Seite. Verfahren Sie mit den restlichen Schachteln und Gegenständen ebenso. Zeigen Sie dem Kind, dass das Körbchen leer ist. Heben Sie jede Schachtel hoch und schütteln Sie sie kurz. Zum Schluss werden die Schachteln wieder geöffnet, die Gegenstände kommen zurück in das Körbchen, und die Schachteln werden wieder verschlossen.

   Das Kind kann nun die Übung wiederholen. Hat es die Arbeit beendet, werden Gegenstände und Schachteln zurück in die Körbchen gelegt und das Tablett wieder an seinen Platz im Regal gestellt.

Fehlerkontrolle:
- Es liegen am Ende noch ein oder mehrere Gegenstände im Korb.
- Beim Schütteln der Schachtel fällt ein Gegenstand heraus, da die Schachtel nicht richtig verschlossen ist.

Weitere Möglichkeit:
- Tauschen Sie von Zeit zu Zeit die Schachteln und Gegenstände aus.

Transfer zum Alltag:
Das Kind kann Schachteln öffnen, Gegenstände hineinlegen und herausnehmen und Schachteln verschließen (z. B. Kreide, Buntstifte, Spielkarten ...).

Geldbeutel, Börse, Portemonnaie

Das benötigen Sie:
3–4 Geldbeutel mit jeweils verschiedenen Verschlüssen; 2 kleine Körbchen; Spielgeld (Münzen und Scheine); Tablett

Das ist vorzubereiten:
Wählen Sie Geldbeutel, die nur ein Fach haben, und solche, in die Kleingeld und Scheine gesteckt werden können. Geben Sie das Spielgeld in das eine und die Geldbeutel in das andere Körbchen.

So führen Sie die Übungen ein:
Das Kind trägt das Tablett zu einem Tisch. Nehmen Sie einen Geldbeutel und öffnen Sie ihn so, dass es für das Kind deutlich sichtbar ist. Wählen Sie Spielgeld aus und geben Sie es in den Geldbeutel. Verschließen Sie den Beutel. Auch dies muss für das Kind deutlich sichtbar sein. Verfahren Sie mit den restlichen Geldbörsen ebenso. Ist das Geld verteilt, öffnen Sie die Geldbeutel wieder und legen Münzen und Scheine zurück in das Körbchen.

Laden Sie das Kind zur Arbeit ein. Am Ende der Übung werden die Geldbeutel geleert, und das Tablett wird zurückgetragen.

Fehlerkontrolle:
- Das Öffnen oder Verschließen eines oder mehrerer Geldbeutel gelingt nicht.
- Es liegt noch Geld in dem Körbchen.

Weitere Möglichkeiten:
- Tauschen Sie von Zeit zu Zeit die Geldbörsen aus.
- Das Kind sortiert echtes Geld ein.

Transfer zum Alltag:
Das Kind kann Gegenstände mit unterschiedlichen Verschlusstechniken öffnen und schließen, und es kann Geld (Scheine und Münzen) in einen Geldbeutel einordnen.

Lockenwickler öffnen und verschließen

Das benötigen Sie:
6–8 Lockenwickler mit Gummizugverschluss; 2 Körbchen; Tablett

Das ist vorzubereiten:
Legen Sie alle Lockenwickler mit geöffnetem Verschluss in eines der Körbchen.

So führen Sie die Übung ein:
Laden Sie das Kind ein, das Tablett zu einem Tisch zu tragen. Nehmen Sie einen Lockenwickler und halten Sie ihn senkrecht, so dass der Verschluss herunterhängt. Ziehen Sie den Verschluss langsam und deutlich über das obere Ende des Lockenwicklers. Legen Sie den Lockenwickler in das leere Körbchen. Verfahren Sie mit den restlichen Wicklern ebenso. Drehen Sie nun das Tablett um. Der leere Korb steht nun links. Öffnen Sie die Lockenwickler einzeln wieder. Auch dies geschieht langsam und überdeutlich.

Das Kind kann die Lockenwickler nun wieder verschließen. Am Ende der Arbeit bringt es das Tablett zurück ins Regal.

Fehlerkontrolle:
- Der Verschluss hält nicht.

Weitere Möglichkeit:
- Bieten Sie Lockenwickler mit unterschiedlichen Durchmessern an.

Transfer zum Alltag:
Das Kind kann gezielt einen Gummi spannen und lösen.

Der Klettverschluss

Das benötigen Sie:
Klettverschluss in unterschiedlichen Farben; 2 Körbchen; Tablett

Das ist vorzubereiten:
Schneiden Sie den Klettverschluss in ca. 4 cm lange Stücke. Legen Sie die oberen und die unteren Teile getrennt voneinander in die Körbchen.

So führen Sie die Übung ein:
Das Kind bringt das Tablett zu einem Tisch. Stellen Sie die beiden Körbchen vor sich. Wählen Sie aus einem Körbchen einen Verschluss aus. Fahren Sie mit Zeige- und Mittelfinger über die Oberfläche. Suchen Sie in dem zweiten Körbchen nach der gleichen Farbe. Auch diese Oberfläche wird mit den Fingern ertastet. Legen Sie die beiden Teile aufeinander. Verfahren Sie mit den restlichen Verschlüssen ebenso. Ziehen Sie dann die Teile wieder auseinander und geben Sie sie zurück in die beiden Körbchen.

Laden Sie das Kind zum Ausprobieren ein. Am Ende der Arbeit trennt es die Verschlussteile wieder und bringt das Tablett zurück ins Regal.

Fehlerkontrolle:
- Die Teile haften nicht, da das Kind die falschen Seiten aufeinanderlegt.
- Eine oder mehrere Farben passen nicht zusammen.

Weitere Möglichkeiten:
- Variieren Sie die Länge der Klettverschlussteile.
- Bieten Sie Klettverschlussstücke in unterschiedlicher Länge in nur einer Farbe an.

Transfer zum Alltag:
Das Kind kennt die Handhabung eines Klettverschlusses.

Ein Buch umblättern

Das benötigen Sie:
Papp-Bilderbuch

So führen Sie die Übung ein:
Legen Sie das Buch vor sich auf den Tisch. Öffnen Sie es, indem Sie die erste Seite in der oberen rechten Ecke vorsichtig lösen und langsam ganz aufklappen. Achten Sie dabei darauf, dass der Deckel nicht nach unten fällt. Blättern Sie langsam Seite für Seite um, bis der Buchrücken erreicht ist. Dann schließen Sie das Buch mit kontrollierten Bewegungen.

Schieben Sie es nun vor das Kind, damit es das Auf- und Umblättern üben kann.

Fehlerkontrolle:
- Das Kind blättert mehrere Seiten gleichzeitig um.
- Der vordere und hintere Pappdeckel klappt deutlich hörbar auf und zu.

Weitere Möglichkeiten:
- Bieten Sie Bücher in unterschiedlichen Formaten an.
- Zeigen Sie dem Kind, wie es ein Buch mit Papierseiten umblättert.

Transfer zum Alltag:
Das Kind kann sorgfältig mit einem Buch umgehen.

4. »Von der Kanne ins Glas«
Schütt- und Gießübungen

Etwas umschütten und umgießen sind Tätigkeiten, die wir tagtäglich viele Male ausführen. Kinder sind davon immer wieder fasziniert und üben sich gerne und ausdauernd in diesen Arbeiten.

Als Schütt- und Gießmaterial eignen sich getrocknete große Bohnen oder grobkörniges Salz ebenso wie Perlen, Eicheln, Gries und Sand. Auch Wasser – das mit Lebensmittelfarbe oder auf andere Weise gefärbt sein kann – sollte den Kindern zur Verfügung gestellt werden. Je unterschiedlicher die Schütt- und Gießmaterialien sind, umso vielseitiger sind die Erfahrungen, die die Kinder im Arbeitsprozess sammeln. Im Umgang mit verschiedenen Materialien werden sie mehr und mehr mit deren verschiedenen Fließeigenschaften vertraut. Große, kleine, hohe oder bauchige Gefäße ermöglichen es zudem, den Vorgang des Umfüllens in unterschiedlichen Schwierigkeitsstufen zu üben. Das Verteilen des Schütt- und Gießguts auf ein oder mehrere Gefäße schult mathematische Vorläuferkompetenzen. Die Kinder werden zudem spielerisch mit einfachen physikalischen Gesetzen vertraut (z. B. Gesetz der Schwerkraft). Sie trainieren die Feinmotorik, die Augen-Hand- und Hand-Hand-Koordination, die Konzentration und die Reaktion.

Schütt- und Gießgefäße sollten aus Glas, Porzellan oder Keramik sein. Dies ist umso wichtiger, je jünger die Kinder sind. Leichte Plastikgefäße sind ungeeignet, da sie schnell umkippen und dadurch dem Kind die Freude an der Arbeit nehmen.

Gries schütten

Das benötigen Sie:
2 identische Glasgefäße mit Griffen; Gries; Tablett

Das ist vorzubereiten:
Füllen Sie eines der Gefäße mit Gries.

So führen Sie die Übung ein:
Bitten Sie das Kind, das Griestablett zu einem Tisch zu tragen.

Stellen Sie beide Kännchen vor sich. Nehmen Sie das Gefäß mit dem Gries und schüt-
ten Sie den Gries langsam in das leere Ge-
fäß. Wiederholen Sie die Arbeit mit der an-
deren Hand. Durch die abwechselnde Tätigkeit beider Hände werden beide Gehirnhälften aktiviert.

Laden Sie das Kind zum Üben ein. Es
bringt das Tablett am Ende der Arbeit wieder zurück ins Regal.

Fehlerkontrolle:
◼ Gries wird verschüttet.

Weitere Möglichkeiten:
◼ Bieten Sie andere Glasgefäße an.
◼ Tauschen Sie das Schüttgut von Zeit zu
   Zeit aus.

Transfer zum Alltag:
Das Kind kann den Schüttvorgang z. B.
beim Backen anwenden.

Kürbiskerne umfüllen

Das benötigen Sie:
2 identische Porzellankännchen mit Griff; Kürbiskerne; Tablett

Das ist vorzubereiten:
Eines der Kännchen muss mit Kürbiskernen gefüllt werden.

So führen Sie die Übung ein:
Das Kind trägt das Tablett zum Arbeitsplatz. Stellen Sie die beiden Kännchen vor sich. Die Griffe zeigen jeweils nach außen. Halten Sie das Kännchen mit Kürbiskernen am Griff fest. Schütten Sie die Kürbiskerne langsam in das leere Gefäß. Stellen Sie das Kännchen ab. Wiederholen Sie das Schütten nun mit der anderen Hand.

Schieben Sie beide Gefäße vor das Kind, damit es tätig werden kann. Ist die Arbeit beendet, trägt das Kind das Tablett zurück zum Platz im Regal.

Fehlerkontrolle:
■ Kürbiskerne werden verschüttet.

Weitere Möglichkeiten:
■ Das Kind schüttet andere grobe Materialien (kleine Kieselsteine, dicke Bohnen …) oder feinen Sand von einem Gefäß in das andere.
■ Das Kind benutzt andere identische Gefäße mit Griffen.

Transfer zum Alltag:
Das Kind kann Material von einem Gefäß in ein anderes schütten.

Sand verteilen

Das benötigen Sie:
großes Gefäß; 2 kleine identische Gefäße; Sand; Tablett

Das ist vorzubereiten:
Füllen Sie die beiden kleinen Gefäße jeweils mit Sand. Geben Sie den Sand dann in das große Gefäß.

So führen Sie die Übung ein:
Laden Sie das Kind zur Arbeit ein und bitten Sie es, das Tablett vom Regal zu einem Tisch zu tragen. Nehmen Sie das große Gefäß mit dem Sand. Schütten Sie den Sand langsam in das erste Gefäß, bis es fast voll ist. Geben Sie den restlichen Sand in das zweite Gefäß. Das große Gefäß muss nun leer sein.

Lassen Sie das Kind die Arbeit wiederholen. Weisen Sie es darauf hin, dass es am Ende den Sand in das große Gefäß schütten und das Tablett zurück ins Regal stellen soll.

Fehlerkontrolle:
- Der Sand ist nicht gleichmäßig auf beide Gläser verteilt.

Weitere Möglichkeiten:
- Das Kind benutzt Gefäße aus anderem Material.
- Der Sand wird auf mehr als zwei Gefäße verteilt (höchstens vier).

Transfer zum Alltag:
Das Kind kann Schüttgut gleichmäßig verteilen.

Schüttübung mit dem Trichter

Das benötigen Sie:
2 hohe Gläser; Trichter; Sand; Tablett

Das ist vorzubereiten:
Füllen Sie eines der Gläser mit Sand.

So führen Sie die Übung ein:
Nachdem das Kind das Tablett zu einem Tisch getragen hat, stellen Sie die beiden Gläser vor sich. Legen Sie den Trichter über das leere Glas. Nehmen Sie das Glas mit dem Sand in beide Hände und schütten Sie den Sand langsam in den Trichter. Ist er durchgelaufen, kommt der Trichter wieder auf das leere Glas. Zeigen Sie dem Kind noch einmal langsam und deutlich das Umschütten. Im Gegensatz zu den vorherigen Schüttübungen muss das Kind hier mit beiden Händen zugreifen.

Das Kind kann die Arbeit nun fortsetzen und das Tablett am Ende zum Regal zurückbringen.

Fehlerkontrolle:
- Sand wird verschüttet.

Weitere Möglichkeiten:
- Bieten Sie andere Gefäße an, z. B. aus undurchsichtigem Material.
- Stellen Sie von Zeit zu Zeit andere Trichter bereit.

Transfer zum Alltag:
Das Kind kennt die Handhabung eines Trichters und kann etwas umfüllen.

Wasser gießen

Das benötigen Sie:
2 kleine, identische Glasgefäße mit Ausguss und Griff; Wasser; kleines Schwämmchen; wasserfestes Tablett

Das ist vorzubereiten:
Füllen Sie eines der beiden Gefäße mit Wasser. Ordnen Sie die Materialien auf dem Tablett an.

So führen Sie die Übung ein:
Das Kind trägt das Tablett zu einem Tisch. Nehmen Sie das Gefäß mit dem Wasser und halten Sie es über das andere Gefäß. Lassen Sie das Wasser langsam in dieses hineinlaufen. Wischen Sie den Ausguss mit dem Schwämmchen ab. Wiederholen Sie anschließend dasselbe mit der anderen Hand. Achten Sie dabei darauf, dass sich kein Wasser an den Gefäßen oder auf dem Tablett sammelt.

   Laden Sie das Kind zum Weitermachen ein. Am Ende der Übung wird kontrolliert, ob Wasser verschüttet ist, bevor das Kind das Tablett zurück zum Regal bringt.

Fehlerkontrolle:
■ Wasser wird verschüttet.

Weitere Möglichkeiten:
■ Das Wasser wird gefärbt.
■ Das Kind benutzt andere identische Glasgefäße (z. B. konische Kannen).

Transfer zum Alltag:
Das Kind kann Flüssigkeit umfüllen und sich z. B. ein Getränk in einen Becher gießen.

Wasser verteilen

Das benötigen Sie:
Glaskanne; 2 kleine Gläser; kleines Schwämmchen; wasserfestes Tablett

Das ist vorzubereiten:
Füllen Sie die Glaskanne mit so viel Wasser, wie in die beiden kleinen Gläser passt.

So führen Sie die Übung ein:
Bitten Sie das Kind, das Tablett mit den Materialien zu einem Tisch zu tragen. Stellen Sie die beiden Gläser nebeneinander. Nehmen Sie die Kanne und schütten Sie Wasser in das erste, dann in das zweite Glas. Achten Sie darauf, dass kein Wasser verschüttet wird. Wischen Sie am Ende mit dem Schwämmchen über den Ausguss der Kanne. Gießen Sie das Wasser aus den beiden Gläsern wieder zurück in die Kanne.

Das Kind kann nun tätig werden. Zum Beenden der Arbeit schüttet es das Wasser zurück in die Kanne und trägt das Tablett zum Regal.

Fehlerkontrolle:
- Wasser wird verschüttet.
- Am Ende ist noch Wasser in der Kanne.

Weitere Möglichkeiten:
- Das Kind arbeitet mit gefärbtem Wasser.
- Es kommen andere Gefäße zum Einsatz.

Transfer zum Alltag:
Das Kind kann Flüssigkeit von einem großen auf kleine Gefäße verteilen und z. B. andere Kinder bedienen.

5. »Ran an den Löffel!« – Löffelübungen

Mit dem Beginn des Zufütterns kommt das Kleinstkind in der Regel zum ersten Mal in Kontakt mit einem Löffel. Schon bald greift es selbst danach und startet eigene, mehr oder weniger erfolgreiche Essversuche. Wird es von geduldigen und verständnisvollen Erwachsenen begleitet und in seinen Bemühungen mit entsprechenden Übungen unterstützt, sammelt es viele lebenspraktische Erfahrungen im Umgang mit dem Löffel, die ihm im Alltag nützlich sind.

Löffelübungen können in verschiedenen Schwierigkeitsstufen angeboten werden. Hierbei gestalten sowohl die verschiedenen Löffel als auch unterschiedliche Materialien die Übungen immer wieder interessant und abwechslungsreich.

Gerade für junge Kinder bietet sich Gries als ideales Löffelmaterial an. Sollte ein Löffel aus Versehen zum Mund wandern, ist dies nicht weiter tragisch. Ältere Kinder können weitere Materialien löffeln, die überwiegend im Haushalt zu finden sind. Als Materialien zum Löffeln eignen sich große und grobkörnige Dinge (Nüsse, Trockenbohnen, Kastanien, Eicheln ...). Sie können zum Teil anstelle des Löffels auch mit einer Gabel transportiert werden. Schwieriger wird das Löffeln mit feinkörnigem Material (Gries, grobkörnigem Salz, Sand ...) und natürlich mit Wasser, das mit Lebensmittelfarbe gefärbt werden kann.

Löffelübungen bieten dem Kind die Möglichkeit, immer sicherer und geschickter mit einem Löffel umzugehen. Es lernt mehr und mehr seine Bewegungen zu koordinieren und zu kontrollieren. Beim Löffeln von einem Gefäß in ein anderes kommt es immer wieder zur Überkreuzung der Körpermittellinie. Dies verbessert die Zusammenarbeit beider Gehirnhälften. Die Konzentration wird gefördert. Das Kind eignet sich mathematische Vorläuferkompetenzen an (z. B. Mengen abschätzen und verteilen).

Kastanien umfüllen

Das benötigen Sie:
Kastanien; große Schüssel; 3–4 kleinere Behälter; kleine Soßenkelle

Das ist vorzubereiten:
Füllen Sie die Behälter mit Kastanien. Dann schütten Sie alle Kastanien in die große Schüssel. Die Übung kann auf dem Boden angeboten werden.

So führen Sie die Übung ein:
Nehmen Sie mit der Soßenkelle Kastanien auf und lassen Sie sie langsam in einen der Behälter rutschen. Wiederholen Sie dies mehrmals.

Dann geben Sie dem Kind die Kelle. Es kann die restlichen Kastanien damit aufnehmen und auf die Dosen verteilen. Am Ende der Arbeit kommen alle Kastanien aus den Dosen zurück in die große Schüssel.

Fehlerkontrolle:
■ Kastanien fallen neben die Dosen.

Weitere Möglichkeiten:
■ Das Kind benutzt große Löffel und kleine Schaufeln.
■ Das Kind füllt andere Materialien um.

Transfer zum Alltag:
Das Kind kann mit einer kleinen Soßenkelle umgehen.

Gries löffeln

Das benötigen Sie:
Löffel; zwei identische Gläser; Gries; Tablett

Das ist vorzubereiten:
Der Gries kommt in eines der Gläser. Die beiden Gläser werden nebeneinander auf das Tablett gestellt.

So führen Sie die Übung ein:
Zeigen Sie dem Kind den Platz der Übung im Regal und lassen Sie es die Arbeit zu einem Tisch tragen. Nehmen Sie den Löffel in die Hand und löffeln Sie den Gries von einem Glas in das andere. Arbeiten Sie dabei von rechts nach links.

Legen Sie am Ende den Löffel auf das Tablett und schieben Sie die Arbeit vor das Kind, so dass es selbst löffeln kann. Ist die Übung beendet, trägt das Kind das Tablett zurück zum Regal.

Fehlerkontrolle:
- Gries landet auf dem Tisch, dem Tablett oder dem Boden.

Weitere Möglichkeiten:
- Bieten Sie von Zeit zu Zeit andere Materialien zum Löffeln an.
- Tauschen Sie den Löffel aus.
- Das Kind löffelt den Gries aus anderen Gefäßen (Porzellan-, Metall-, Plastik- oder Holzschüssel).

Transfer zum Alltag:
Das Kind kann mit einem Löffel Materialien löffeln und z. B. beim Backen Haselnüsse in die Nussmühle oder in den Teig löffeln.

Dicke Bohnen verteilen

Das benötigen Sie:

Eiswürfelbehälter; dicke Bohnen in der Anzahl der Fächer des Eiswürfelbehälters; kleiner Löffel; Schälchen; Tablett

Das ist vorzubereiten:

Achten Sie darauf, dass die Bohnen in die Fächer des Eiswürfelbehälters passen. Alle Bohnen kommen in das Schälchen.

So führen Sie die Übung ein:

Das Kind trägt die Arbeit zum Tisch. Nehmen Sie den Löffel und löffeln Sie eine Bohne aus dem Schälchen. Lassen Sie sie langsam vom Löffel in eines der Fächer des Eiswürfelbehälters gleiten. Füllen Sie nach und nach alle Fächer mit einer Bohne. Am Ende nehmen Sie die Bohnen wieder mit dem Löffel aus den Fächern und geben sie zurück in das Schälchen.

Nun kann das Kind tätig werden. Zum Beenden der Arbeit gibt es die Bohnen wieder zurück in das Schälchen und trägt das Tablett zum Regal.

Fehlerkontrolle:

- Bohnen fallen beim Löffeln herunter.
- Es liegen zwei Bohnen in einem Fach.
- Ein oder mehrere Fächer sind am Ende leer.

Weitere Möglichkeiten:

- Stellen Sie andere Eiswürfelbehälter bereit.
- Das Kind löffelt andere Materialien in die Fächer (Watte-Pompons, Perlen ...).
- Das Kind führt die Übung mit unterschiedlichen Löffeln aus.

Transfer zum Alltag:

Das Kind kann mit einem Löffel Material aufnehmen und einfüllen. Es kann z. B. bei der Zubereitung von Eiswürfeln mit Früchten helfen.

Grobkörniges Salz löffeln

Das benötigen Sie:

grobkörniges Salz; große Schüssel; 3–4 kleine Schüsseln; großer Löffel; Tablett

Das ist vorzubereiten:

Füllen Sie grobkörniges Salz in die kleinen Schüsseln. Dann schütten Sie das grobkörnige Salz in die große Schüssel.

So führen Sie die Übung ein:

Nachdem das Kind das Tablett zum Tisch getragen hat, stellen Sie die kleinen Schüsseln zusammen. Nehmen Sie den Löffel und löffeln Sie das grobkörnige Salz in eine beliebige kleine Schüssel. Verfahren Sie mit dem restlichen Salz ebenso. Sind alle Schüsseln mit Salz gefüllt, muss die große Schüssel leer sein. Löffeln Sie das grobkörnige Salz nun aus den kleinen Schüsseln zurück in die große.

Schieben Sie die Arbeit zu dem Kind, damit es tätig werden kann. Bevor es die Übung wieder zurück an ihren Platz im Regal stellt, wird das grobkörnige Salz aus den kleinen Schüsseln in die große gegeben.

Fehlerkontrolle:

- Salz fällt vom Löffel.
- Die Schüsseln sind nicht gleichmäßig gefüllt und ergeben daher kein einheitliches Gesamtbild.

Weitere Möglichkeiten:

- Das Kind verteilt mit dem Löffel Sand in die Schüsseln.
- Das Kind arbeitet mit verschiedenen Löffeln.
- Tauschen Sie die Schüsseln aus (hohe Gefäße, Schüsseln aus Glas, Plastik, Holz ...).

Transfer zum Alltag:

Das Kind kann sicher mit dem Löffel umgehen und z. B. Salz, Zucker oder Mehl löffeln.

Tischtennisbälle löffeln

Das benötigen Sie:

große Glasschüssel mit Wasser; kleine Glasschüssel; 8–10 Tischtennisbälle; Schöpf-löffel; Tuch; wasserfestes Tablett

Das ist vorzubereiten:

Füllen Sie die große Schüssel mit Wasser. Geben Sie die Tischtennisbälle in die kleine Schüssel.

Nach Möglichkeit sollte die Übung ihren festen Platz an einem Tisch haben. So müssen die Kinder das relativ schwere Tablett nicht transportieren.

So führen Sie die Übung ein:

Helfen Sie dem Kind, das Tablett zum Arbeitsplatz zu tragen. Legen Sie die Tischtennis-bälle auf das Wasser. Nehmen Sie den Schöpflöffel. Löffeln Sie damit einen Tischtennis-ball aus dem Wasser. Halten Sie den Löffel noch einen Moment über der Schüssel, so dass das Wasser durch den Spalt ablaufen kann. Machen Sie das Kind auf das herab-tropfende Wasser aufmerksam. Dann legen Sie den Tischtennisball in dem kleinen Schäl-chen ab. Verfahren Sie weiter so, bis alle Tischtennisbälle aus dem Wasser gelöffelt sind. Kommt Wasser auf das Tablett, so wischen Sie es mit dem Tuch auf.

Das Kind kann nun die Arbeit übernehmen. Hat es sie beendet, kommen alle Tischten-nisbälle zurück in die kleine Schüssel. Eventuell verschüttetes Wasser wird aufgewischt und das Material zurück ins Regal gestellt.

Fehlerkontrolle:

- Das Kind kann keinen Ball löffeln, da es den Schöpflöffel verkehrt hält.
- Es sammelt sich Wasser auf dem Ta-blett oder in dem kleinen Glasschäl-chen.

Weitere Möglichkeit:

- Das Kind löffelt andere Gegenstände aus dem Wasser (z. B. Styropor-schnipsel, zerschnittene Papilloten).

Transfer zum Alltag:

Das Kind kann mit einem Schöpflöffel umgehen und z. B. Oliven aus einem Glas löffeln.

Sand löffeln

Das benötigen Sie:
großer Löffel; größere Schale; kleines Schälchen; hohes Glasgefäß (z. B. Blumenvase); Sand; Dekosteine; Sieb; Tablett

Das ist vorzubereiten:
Da das Tablett recht schwer sein kann, ist es sinnvoll, wenn Sie einen festen Platz an einem Tisch suchen, wo die Arbeit für eine Weile stehen bleiben kann. Mischen Sie die Dekosteine unter den Sand. Der Sand kommt in die größere Schale.

So führen Sie die Übung ein:
Stellen Sie das Tablett vor sich. Setzen Sie das Sieb auf das hohe Glasgefäß. Nehmen Sie mit dem Löffel Sand und lassen Sie ihn in das Sieb fallen, und zwar so lange, bis die Schale mit dem Sand leer ist. Nehmen Sie das Sieb herunter und geben Sie die Dekosteine in das kleine Schälchen. Zum Schluss kommen der Sand und die bunten Steine wieder in die größere Schale.

Nun kann das Kind die Arbeit wiederholen.

Fehlerkontrolle:
- Sand fällt beim Löffeln auf das Tablett.

Weitere Möglichkeiten:
- Das Kind benutzt unterschiedliche Löffel.
- Anstelle der Glasgefäße werden undurchsichtige Gefäße benutzt.
- Das Kind siebt andere Materialien aus dem Sand.

Transfer zum Alltag:
Das Kind kann mit einem Löffel und einem Sieb umgehen und z. B. Mehl zum Backen sieben.

6. »Nur nicht kneifen« – Übungen mit Zangen

Kinder erleben im Haushalt tagtäglich den Umgang mit vielen verschiedenen Besteck-
teilen. Dazu zählen auch die unterschiedlichsten Zangen, die immer wieder eine faszi-
nierende Wirkung auf sie ausüben. Der Transport von Gegenständen mit einer Zange erfordert ein hohes Maß an Geschicklichkeit und Konzentration. Er beinhaltet das gezielte
Greifen, das Festhalten des Gegenstandes mit der Zange, die Beförderung, das Ablegen
und das Lösen von der Zange. Dabei muss der aktive Muskeltonus der jeweiligen Zange
und dem Material angepasst werden. Zu wenig Muskelanspannung verhindert das Zugreifen und Transportieren, während ein Zuviel den Gegenstand beschädigt oder zer-
bricht. Werden den Kindern viele unterschiedliche Materialien zum Arbeiten angeboten,
können sie damit immer wieder spielerisch üben.

Das Arbeiten mit Zangen fördert die Handgeschicklichkeit, die Augen-Hand-Koordination, die Konzentration und die Ausdauer.

Für kleine Kinderhände sind vor allem kleine Zangen (Zuckerzange, Teesiebzange,
Schneckenzange …) geeignet, da die Kinder sie mit einer Hand umfassen und handhaben können. Außerdem eignen sich unterschiedliche Pinzetten mit flachen, abgerun-
deten Spitzen.

Murmeln greifen

Das benötigen Sie:
kleines Schälchen; Körbchen; kleine Zange; Glasmurmeln; Tablett

Das ist vorzubereiten:
Füllen Sie die Murmeln in das Körbchen.

So führen Sie die Übung ein:
Zeigen Sie dem Kind den Platz der Arbeit im Regal und bitten Sie es, das Tablett zum Tisch zu tragen. Nehmen Sie die Zange und greifen Sie damit eine Murmel. Legen Sie sie vorsichtig in dem Schälchen ab. Wiederholen Sie dies 3- bis 4-mal.

Dann bitten Sie das Kind, die Arbeit zu übernehmen. Hat es die Übung beendet, bringt es das Tablett zurück zum Regal.

Fehlerkontrolle:
- Das Kind kann die Murmeln nicht greifen, da es zu wenig Druck auf die Zange ausübt.
- Murmeln fallen auf das Tablett.

Weitere Möglichkeiten:
- Das Kind greift andere Materialien (Perlen, Kastanien, Eicheln, Kieselsteine …).
- Das Kind benutzt andere Zangen.

Transfer zum Alltag:
Das Kind kann mit einer Zange umgehen.

Das Olivenschiffchen

Das benötigen Sie:
Olivenschiffchen; kleine Zange; Perlen in einer Farbe; kleines Glasschälchen; Tablett

Das ist vorzubereiten:
Prüfen Sie, wie viele Perlen nebeneinander in das Olivenschiffchen passen. Geben Sie diese Perlenmenge in das Schälchen.

So führen Sie die Übung ein:
Das Kind trägt das Tablett mit den Materialien zum Arbeitsplatz. Stellen Sie das Olivenschiffchen vor sich. Greifen Sie mit der Zange eine Perle und legen Sie sie in dem Schiffchen ab. Verfahren Sie mit allen Perlen so. Das Olivenschiffchen muss am Ende komplett mit nebeneinanderliegenden Perlen gefüllt sein. Die Perlen werden anschließend wieder mit der Zange aufgenommen und in das Schälchen zurückgelegt.

Das Kind kann sich nun üben. Hat es die Arbeit beendet, kommen alle Perlen wieder in das Körbchen. Das Kind trägt das Tablett zurück zum Ausgangsplatz im Regal.

Fehlerkontrolle:
▣ Das Kind kann die Perlen nicht mit der Zange greifen oder festhalten.

Weitere Möglichkeiten:
▣ Das Kind arbeitet mit unterschiedlichen Zangen.
▣ Anstelle der Perlen werden andere runde Materialien in dem Schiffchen abgelegt (Pompons, Wattekugeln, Murmeln …).

Transfer zum Alltag:
Das Kind kann mit einer Zange umgehen, damit Gegenstände greifen und sie sicher und gezielt ablegen. Es kann z. B. Oliven in ein Olivenschiffchen legen.

Holzstöckchen umfüllen

Das benötigen Sie:
Pinzette mit großer Greiffläche; klein gebrochene Holzstöckchen; Glasschälchen; Glasfläschchen mit kleiner Öffnung; Tablett

Das ist vorzubereiten:
Testen Sie, ob die Holzstöckchen durch die Öffnung des Glasfläschchens geht. Prüfen Sie, wie viele Holzstöckchen in das Fläschchen passen. Geben Sie diese Menge in das Glasschälchen.

So führen Sie die Übung ein:
Bitten Sie das Kind, die Übung zum Tisch zu bringen. Stellen Sie das Tablett vor sich. Nehmen Sie die Pinzette und zeigen Sie dem Kind, wie sie bedient wird. Nehmen Sie mit der Pinzette ein Holzstöckchen auf und führen Sie es an die Öffnung des Glasfläschchens. Lassen Sie das Holzstöckchen in das Fläschchen fallen. Wiederholen Sie den Vorgang 4- bis 5-mal.

Dann laden Sie das Kind zum Weiterarbeiten ein. Sind alle Holzstöckchen in dem Fläschchen, werden sie in das Glasschälchen zurückgeschüttet. Am Ende trägt das Kind die Arbeit zurück zum Regal.

Fehlerkontrolle:
▩ Das Kind kann die Holzstöckchen nicht mit der Pinzette aufnehmen und/oder halten.
▩ Holzstöckchen fallen auf das Tablett.

Weitere Möglichkeiten:
▩ Das Kind benutzt eine andere Pinzette.
▩ Die Holzstöckchen werden durch anderes Material ersetzt (z. B. Kiefernadeln, Stücke von Plastiktrinkhalmen ...).
▩ Das Kind füllt das Material in eine andere kleine Flasche.

Transfer zum Alltag:
Das Kind kennt die Handhabung einer Pinzette. Es kann damit Gegenstände aufnehmen und transportieren.

Pompons einsetzen

Das benötigen Sie:
Schneckenpfännchen; Pompons in der Anzahl der Vertiefungen; kleine Zange; Schälchen; Tablett

So führen Sie die Übung ein:
Zeigen Sie dem Kind, wo das Material steht. Es trägt das Tablett zum Tisch. Nehmen Sie mit der Zange einen Pompon aus dem Schälchen. Legen Sie ihn in einer beliebigen Vertiefung des Schneckenpfännchens ab. Verfahren Sie mit den restlichen Pompons ebenso. Sind alle Vertiefungen gefüllt, geben Sie die Pompons mit der Zange wieder zurück in das Schälchen.

Jetzt kann das Kind die Arbeit übernehmen. Hat es sie beendet, kommen alle Pompons zurück in das Schälchen, und das Tablett wird wieder ins Regal gestellt.

Fehlerkontrolle:
- Das Gesamtbild wirkt ungeordnet, da z. B. zwei Pompons in einer Vertiefung liegen und Vertiefungen leer sind.
- Es befinden sich noch Pompons in dem Schälchen.

Weitere Möglichkeiten:
- Bieten Sie unterschiedliche Zangen an.
- Ersetzen Sie die Pompons durch andere Materialien (z. B. kleine Wattekugeln, Glasmurmeln oder Perlen).

Transfer zum Alltag:
Das Kind kann mit einer Zange umgehen und z. B. Zuckerwürfel greifen.

7. »Malen, schneiden, reißen, kleben« Die ersten Übungen für die Kleinsten

Bereits Kleinkinder lieben es, mit Papier, Farben, Stempeln oder Wolle umzugehen und sich damit experimentell und kreativ zu beschäftigen. Alters- und entwicklungsgemäße Angebote wecken die kindliche Neugierde und Freude am Gestalten und bieten dem Kind die Möglichkeit, sich individuell auszudrücken und vor allem sichtbare Spuren zu hinterlassen. Dies stärkt ihr Selbstbewusstsein und fördert das Selbstvertrauen. Dabei sammeln die Kinder wichtige Erfahrungen und Erkenntnisse im Umgang mit den unterschiedlichen Materialien und Werkzeugen. Ihre Feinmotorik, die Hand-Hand- und die Augen-Hand-Koordination werden geschult.

Bitte seien Sie nicht enttäuscht, wenn das Kind am Ende einer intensiven, vielleicht auch anstrengenden und langwierigen Mal- oder Bastelarbeit sein entstandenes Werk scheinbar mutwillig zerstört oder ihm keinerlei Beachtung mehr schenkt. Denken Sie daran, auf welcher *Stufe des Tuns* sich das junge Kind befindet. Es ist in keiner Weise am Ergebnis seiner Arbeit interessiert. Es geht ihm lediglich um das Tun um des Tuns willen! Die in den nun vorgestellten Übungen von den Kindern hergestellten Papierkügelchen, zerrissenen Schnipsel oder zerschnittenen Wollfäden können übrigens nichtsdestoweniger gesammelt und zu einfachen Bastelarbeiten genutzt werden.

Papierkügelchen rollen

Das benötigen Sie:
Seidenpapier in einer Farbe; flache Schale; kleines Schälchen; Tablett

Das ist vorzubereiten:
Zerreißen Sie Seidenpapier in kleine Stücke. Diese kommen in die flache Schale.

So führen Sie die Übung ein:
Nachdem das Kind das Tablett zum Tisch getragen hat, stellen Sie dieses vor sich. Nehmen Sie ein Stück Seidenpapier und knüllen Sie es, für das Kind deutlich sichtbar, mit den Fingerspitzen beider Hände zusammen. Rollen Sie es zwischen den Handflächen zu einer kleinen Kugel. Legen Sie das so entstandene Papierkügelchen in das Schälchen. Wiederholen Sie den Vorgang mit weiteren 3–4 Papierstückchen.

Dann laden Sie das Kind zum Helfen ein. Bitten Sie es am Ende der Arbeit, das Tablett zum Regal zurückzubringen.

Fehlerkontrolle:
- Die Papierkügelchen ergeben kein einheitliches Gesamtbild, da manche ganz klein, andere ganz grob geformt sind.

Weitere Möglichkeiten:
- Bieten Sie Seidenpapier in anderen Farben an.
- Stellen Sie 2–3 Schalen mit unterschiedlichen Farben bereit. Das Kind sortiert die gerollten Papierkügelchen in unterschiedliche Schälchen.
- Variieren Sie die Größe der Schnipsel.
- Bieten Sie dem Kind andere Papiere zum Rollen an (Transparentpapier, Butterbrotpapier, Krepppapier, Zeitungspapier [Druckerschwärze!] ...).

Transfer zum Alltag:
Das Kind kann aus Papier Kügelchen formen und diese Technik zu Bastelarbeiten nutzen.

Das Maltablett

Das benötigen Sie:
sehr flaches Tablett (z. B. Deckel einer Schachtel); Papier; kleines Schälchen mit 2–3 Wachsmalstiften oder -blöcken

Das ist vorzubereiten:
Schneiden Sie das Papier so zurecht, dass es in das Tablett passt. Legen Sie 3–4 Blätter übereinander. Achten Sie darauf, dass das Tablett und das Papier sich farblich voneinander unterscheiden. Das Tablett begrenzt durch seinen schmalen Rand die Malfläche.

So führen Sie die Übung ein:
Zeigen Sie dem Kind den Platz des Tabletts im Regal und bitten Sie es, das Material zu einem Tisch zu tragen. Stellen Sie das Tablett vor sich. Nehmen Sie einen Wachsmalblock und malen Sie damit auf dem Papier. Wechseln Sie nach einer Weile die Farbe. Ist das Papier bemalt, nehmen Sie es aus dem Tablett und legen es zur Seite.

Nun kann das Kind malen. Es trägt am Ende der Arbeit sein Tablett zurück ins Regal. Die bemalten Blätter werden, mit Name und Datum versehen, gesondert aufbewahrt.

Fehlerkontrolle:
■ Der Rand des Tabletts begrenzt den Malbereich.

Weitere Möglichkeiten:
■ Anstelle der Wachsmalblöcke liegen Wachsmalstifte oder Holzstifte auf dem Tablett.
■ Bringen Sie runde oder quadratische Tabletts zum Einsatz.

Transfer zum Alltag:
Das Kind kann mit Stiften umgehen.

Das Wasserfarben-Tablett

Das benötigen Sie:

großes, wasserfestes Tablett mit niedrigem Rand; schweres Wasserglas mit Deckel (z. B. Marmeladenglas); dicker Pinsel; 3 Tempera-Wasserfarbenpucks; kleiner Lappen; weiße Pappe; Malkittel oder altes Hemd

Das ist vorzubereiten:

Füllen Sie das Wasserglas zu höchstens einem Drittel mit Wasser.

So führen Sie die Übung ein:

Bitten Sie das Kind, das Tablett zum Tisch zu tragen. Helfen Sie ihm, falls nötig, die Schürze bzw. den Kittel anzuziehen. Zeigen Sie ihm, wie es den Deckel des Wasserglases aufschraubt. Tauchen Sie den Pinsel in das Wasser. Tupfen Sie ihn auf dem Lappen ab. So kommt nicht übermäßig viel Wasser in das Farbtöpfchen. Wählen Sie eine Farbe und zeigen Sie dem Kind, wie es den Pinsel darin kreisförmig bewegt, damit er Farbe aufnimmt. Malen Sie mit dem Pinsel auf dem Papier. Lässt die Intensität der Farbe nach, führen Sie den Pinsel wieder in das Wasser. Achten Sie darauf, dass sich die restliche Farbe löst. Nehmen Sie den Pinsel aus dem Wasser und tupfen Sie ihn auf dem Lappen ab. Wiederholen Sie den Vorgang des Malens. Legen Sie dann ein Papier für das Kind bereit und laden Sie es zum Malen ein. Hat es die Arbeit beendet, zeigen Sie ihm, wo und wie es das schmutzige Wasser entsorgt und neues in das Glas füllt. Die Materialien werden gereinigt und zurück ins Regal gestellt. Das Bild wird zum Trocknen ausgelegt.

Mit Wasserfarben zu malen ist eine sehr komplexe Arbeit. Es ist daher günstig, wenn ein entsprechender Platz im Raum installiert wird.

Fehlerkontrolle:

■ Das Kind verwendet zu viel Wasser, so dass die Farben ineinander verschwimmen.
■ Es reinigt den Pinsel nicht ordentlich, so dass sich die Farben mischen.

Weitere Möglichkeiten:

■ Tauschen Sie die Farben von Zeit zu Zeit aus.
■ Bieten Sie dem Kind verschiedene Pinsel zum Malen an.
■ Variieren Sie die Blattformate, auf denen das Kind malt.

Transfer zum Alltag:

Das Kind kennt die Technik, mit Wasserfarben zu malen.

Wolle schneiden

Das benötigen Sie:
Wolle in verschiedenen Farben; Kinderschere; 2 Schälchen; Tablett

Das ist vorzubereiten:
Schneiden Sie ca. zehn Fäden von ca. 20 cm Länge. Die Fäden kommen in eines der Schälchen. Die unterschiedlichen Farben der Wolle erleichtern dem Kind das Herausziehen. Alle Materialien werden auf dem Tablett zusammengestellt.

So führen Sie die Übung ein:
Machen Sie das Kind auf den Platz des Tabletts im Regal aufmerksam und bitten Sie es, die Arbeit zu einem Tisch zu tragen. Stellen Sie das Schälchen mit den Wollfäden und das leere Schälchen nebeneinander. Nehmen Sie einen Faden aus dem Schälchen. Halten Sie ihn an einem Ende fest und führen Sie ihn über das leere Schälchen. Schneiden Sie mit der Schere kleine Stücke von dem Faden ab. Achten Sie darauf, dass diese in das Schälchen fallen. Am Ende lassen Sie auch das Fadenende los, so dass es ebenfalls in das Schälchen fällt.

Schieben Sie alles zum Kind. Es kann sich nun im Schneiden üben.

Wolle zu zerschneiden ist für junge Kinder wesentlich einfacher als Papier! Bitten Sie am Ende der Arbeit das Kind, die zerschnittene Wolle zu entsorgen und das Tablett zurück ins Regal zu stellen.

Fehlerkontrolle:
▧ Der Faden kann nicht zerschnitten werden, da das Kind die Schere falsch hält.

Weitere Möglichkeit:
▧ Bieten Sie von Zeit zu Zeit unterschiedliche Wolle an (dicke, dünne, Effektwolle ...).

Transfer zum Alltag:
Das Kind kann mit einer Schere umgehen und z. B. Wolle zum Handarbeiten zerschneiden.

Papier schneiden

Das benötigen Sie:
Kinderschere; Papier; Filzstift; Lineal; Schälchen; Tablett

Das ist vorzubereiten:
Schneiden Sie das Papier in ca. 2–3 cm schmale Streifen. Die Streifen dürfen nur so breit sein, dass das Kind sie mit einem Schnitt zerschneiden kann! Ziehen Sie mit dem Filzstift Striche darauf. Alles kommt auf das Tablett.

So führen Sie die Übung ein:
Zeigen Sie dem Kind den Platz des Materials im Regal und bitten Sie es, das Tablett zu einem Tisch zu bringen. Stellen Sie das Schälchen vor sich. Nehmen Sie einen Papierstreifen und die Schere. Schneiden Sie mit der Schere auf einem Strich. Das Papier sollte mit einem Schnitt durchtrennt sein! Schneiden Sie langsam und deutlich weitere Streifen ab. Sie fallen direkt in das Schälchen.

Fragen Sie das Kind, ob es tätig werden möchte. Es kann die Arbeit weiterführen. Am Ende werden die zerschnittenen Streifen entsorgt und das Tablett zurück ins Regal getragen.

Fehlerkontrolle:
- Es ist sichtbar, ob das Kind den Strich getroffen hat.
- Es sind einzelne Streifen zu sehen, die nicht richtig zerschnitten wurden.

- Die Striche werden mit einem dünnen Stift gezogen.
- Das Kind zerschneidet andere Papiere (Tonkarton, Transparentpapier, Wellpappe …).
- Das Kind benutzt andere Scheren.

Transfer zum Alltag:
Das Kind kann mit der Schere auf einer Linie schneiden und dies z. B. bei einer Bastelarbeit anwenden.

Papier zerreißen

Das benötigen Sie:
Papier; 2 rechteckige Schalen; Tablett

Das ist vorzubereiten:
Schneiden Sie das Papier in handliche Stücke und legen Sie diese in eine der Schalen. Alle Materialien werden auf das Tablett gestellt.

So führen Sie die Übung ein:
Das Kind bringt das Tablett zum Tisch. Nehmen Sie ein Papier und zeigen Sie dem Kind langsam und deutlich, wie Sie es von oben nach unten zerreißen. Reißen Sie zwei bis drei weitere Streifen. Die Streifen kommen in die Schale. Das Kind kann sie am Ende der Übung zum Basteln bzw. Kleben benutzen oder entsorgen. Reißen Sie zwei bis drei weitere Streifen.

Fordern Sie das Kind auf, es auch einmal zu versuchen. Am Ende der Arbeit wird das Tablett vom Kind zurück ins Regal getragen.

Fehlerkontrolle:
- Das zerrissene Papier ergibt kein ordentliches Gesamtbild, da es z. B. zerknüllt ist.
- Das Papier zerreißt nicht.

Weitere Möglichkeit:
- Bieten Sie anderes Papier an (z. B. Seidenpapier, Krepppapier, Tonpapier, Wellpappe …).

Transfer zum Alltag:
Das Kind kann Papier zerreißen und dies z. B. zu Bastelarbeiten nutzen.

Klebeübung

Das benötigen Sie:
kleines, verschließbares Glas; kleiner Pinsel; Kleisterpulver; bunte Papierschnipsel in 2–3 Farben; Schale; Papier (im Format DIN A5 oder DIN A7); Stift; kleines Glas; feuchtes Tuch; abwaschbares Tischset; Tablett

Das ist vorzubereiten:
Rühren Sie Kleister an und füllen Sie ihn in das Glas. Sortieren Sie die Papierschnipsel nach Farben und geben Sie sie in kleine Schalen. Füllen Sie ein kleines Glas mit Wasser.

So führen Sie die Übung ein:
Nachdem das Kind die Arbeit vom Regal an einen Tisch gebracht hat, nehmen Sie das Tischset und legen es vor sich. Stellen Sie alle Materialien in einer sinnvollen Ordnung auf das Set. Schrauben Sie das Kleisterglas auf und stellen Sie den Pinsel hinein. Nehmen Sie ein Papier. Suchen Sie sich einen Papierschnipsel aus. Streifen Sie den Pinsel am Rand des Glases ab. Bestreichen Sie den Papierschnipsel mit etwas Kleister. Kleben Sie ihn auf das Papier. Wiederholen Sie dies mehrmals. Dann streifen Sie den Pinsel am Kleisterglas ab und stellen ihn mit den Borsten nach unten ins Wasser. Reinigen Sie den Pinsel kurz, bevor Sie ihn erneut am Glasrand abstreifen und neben das Kleisterglas legen. Wischen Sie sich mit dem feuchten Tuch die Hände ab.

Laden Sie das Kind zum Kleben ein. Am Ende der Arbeit reinigt es den Pinsel, verschließt das Kleisterglas und bringt das Tablett zurück zum Regal.

Fehlerkontrolle:
- Die Papierschnipsel kleben nicht, da das Kind zu wenig Kleister benutzt.
- Die Papierschnipsel schwimmen im Kleister, da das Kind zu viel Kleister benutzt.

Weitere Möglichkeiten:
- Das Kind klebt andere Papiere auf (Transparentpapier, Tonpapier, Stücke von Luftschlangen, ausgestanzte Formen oder Figuren ...).
- Das Kind klebt andere Materialien mit dem Kleister (Wollfäden, kleine Stoffstücke).
- Statt des Kleisters wird Bastelleim benutzt.

Transfer zum Alltag:
Das Kind kann selbstständig kleben und dies z. B. zu Bastelarbeiten nutzen.

Watte zupfen

Das benötigen Sie:
Watte; 2 Schalen; Tablett

So führen Sie die Übung ein:
Zeigen Sie dem Kind das Tablett und bitten Sie es, die Arbeit zu einem Tisch zu tragen. Nehmen Sie ein Stück Watte und zupfen Sie es langsam und für das Kind gut sichtbar in kleine Flocken. Die Flocken kommen in das zweite Schälchen.

Laden Sie das Kind zum Mitmachen ein. Am Ende werden die kleinen Flocken wieder zu einem großen Wattebausch geformt und miteinander verfilzt, bevor das Kind das Tablett zurückstellt.

Fehlerkontrolle:
- Die Watte kann nicht zerpflückt werden, da das Kind zu viel davon nimmt.

Weitere Möglichkeit:
- Das Kind zupft ungesponnene Schafwolle auseinander.

Transfer zum Alltag:
Das Kind kann Watte zupfen, die z. B. zum Basteln benötigt wird.

Stempeln

Das benötigen Sie:
Stempel; Stempelkissen; Papier; Tablett

So führen Sie die Übung ein:
Das Kind trägt das Tablett zum Tisch. Öffnen Sie das Stempelkissen und legen Sie das Papier vor sich. Nehmen Sie den Stempel und drücken Sie ihn auf das Stempelkissen. Anschließend drücken Sie ihn auf das Papier. Betrachten Sie das Ergebnis. Machen Sie einen weiteren Stempelabdruck auf einer freien Stelle des Papiers.

Schieben Sie die Materialien zum Kind, so dass es selbst stempeln kann. Hat das Kind die Arbeit beendet, trägt es das Tablett zurück zum Regal.

Fehlerkontrolle:
- Der Stempel ist verwischt, da das Kind ihn nicht sauber aufgesetzt hat.
- Der Stempel ist nicht deutlich zu sehen, weil das Kind zu wenig Druck auf das Stempelkissen oder auf den Stempel gegeben hat.
- Der Stempelabdruck überdeckt einen anderen, da das Kind nicht auf die Platzwahl geachtet hat.

Weitere Möglichkeiten:
- Tauschen Sie von Zeit zu Zeit den Stempel und das Stempelkissen aus.
- Bereiten Sie Blätter mit vorgegebenen Feldern vor, in die das Kind stempelt.

Transfer zum Alltag:
Das Kind kann mit einem Stempel umgehen und dies z. B. bei Bastelarbeiten nutzen.

8. »Jacke aus und Schuhe an« Kinder üben das An- und Ausziehen

Mit ca. 18 Monaten zeigen Kinder bereits Interesse daran, sich selbstständig vor allem aus-, aber auch anzuziehen. Beides ist für junge Kinder eine schwierige Arbeit, die Zeit beansprucht, Geduld verlangt (von beiden Seiten!), mit Anstrengung und Mühe verbunden ist und volle Konzentration fordert.

So müssen Kleidungsstücke an die richtigen Körperstellen gebracht werden (z. B. Fersen der Strümpfe), und es gilt, die Vorder- und Rückseite zu beachten, rechts und links voneinander zu unterscheiden und verschiedene Verschlusstechniken zu beherrschen. Hier bieten die von einer niederländischen Firma entwickelten Kleinkind-Anziehrahmen dem jungen Kind eine gute Möglichkeit, sich im Öffnen und Schließen verschiedenster Verschlüsse in seinem eigenen Tempo und isoliert von weiteren Schwierigkeiten zu üben.

Hosen mit Gummizug, nicht zu enge T-Shirts und Pullis oder Schuhe mit Klettverschluss statt mit Schnürsenkeln erleichtern zusätzlich das An- und Ausziehen und erlauben es dem Kind, seine Selbstständigkeit und Unabhängigkeit zu vergrößern.

Ist das Kind schließlich geschickt darin, sich alleine an- und auszuziehen, wird es dieses Können mehr und mehr der Gemeinschaft zugutekommen lassen und den »Kleineren« im Rahmen seiner Möglichkeiten helfen.

Die Kleinkind-Anziehrahmen

Das benötigen Sie:
Kleinkind-Anziehrahmen

So führen Sie die Übung ein:
Zeigen Sie dem Kind den Platz der Rahmen im Raum. Benennen (Knopfrahmen, Reißverschlussrahmen ...) und zeigen Sie dem Kind den Rahmen, den Sie benötigen, und bitten Sie es, ihn zu einem Tisch zu tragen. Legen Sie den Rahmen vor sich. Öffnen Sie die Verschlüsse. Klappen Sie die beiden Stoffhälften einzeln zur Seite auf und klappen Sie sie anschließend wieder einzeln zur Mitte, indem Sie den Stoff an der oberen und unteren Ecke festhalten. Schließen Sie nun mit langsamen und deutlichen Bewegungen die Verschlüsse.

Schieben Sie den Rahmen zum Kind, damit es tätig werden kann. Hat das Kind die Arbeit beendet, bringt es den Rahmen zurück an seinen Platz.

Fehlerkontrolle:
■ Der Anziehrahmen ergibt ein unordentliches Gesamtbild, da Verschlüsse offen geblieben oder falsch miteinander verbunden sind.

Weitere Möglichkeit:
■ Führen Sie weitere Anziehrahmen mit anderen Verschlusstechniken ein.

Transfer zum Alltag:
Das Kind kennt unterschiedliche Verschlusstechniken und kann sie im Alltag z. B. an der eigenen Kleidung anwenden.

Die Hutkiste

Das benötigen Sie:
Holzkiste; 4–5 unterschiedliche Hüte und Mützen; Spiegel

Das ist vorzubereiten:
Die Übung ist schon für sehr junge Kinder interessant. Stellen Sie daher die Hutkiste auf den Boden, möglichst vor einen großen Spiegel.

So führen Sie die Übung ein:
Setzen Sie sich mit dem Kind vor den Spiegel. Wählen Sie einen Hut aus der Kiste und setzen Sie ihn auf Ihren Kopf. Machen Sie das Kind – je nach Art des Hutes – auf die Vorder- und Rückseite aufmerksam (Schleife, Blume …). Verfahren Sie mit weiteren Hüten und Mützen ebenso.
    Laden Sie das Kind zum Mitmachen ein.

Fehlerkontrolle:
■ Der Hut sitzt schief und verdeckt z. B. die Augen, oder er fällt vom Kopf.

Weitere Möglichkeit:
■ Bieten Sie unterschiedliche Mützen an.

Transfer zum Alltag:
Das Kind kann sich einen Hut oder eine Mütze aufsetzen.

Der Schuhkorb

Das benötigen Sie:
großer Korb; 2–3 Paar Kinderschuhe mit Klettverschluss; 2–3 Schuh-Schablonen

Das ist vorzubereiten:
Zeichen Sie auf Pappe jeweils die Umrisse der Schuhpaare. Achten Sie darauf, dass deutlich zu sehen ist, wie die Schuhspitzen nach innen zeigen. Deuten Sie die Verschlüsse der Schuhe auf den Schablonen an.

So führen Sie die Übung ein:
Legen Sie die Schablonen nebeneinander. Bitten Sie das Kind, ein Paar Schuhe aus dem Korb zu wählen. Betrachten Sie die Schuhe und machen Sie das Kind auf die Schuhspitzen und die Verschlüsse aufmerksam. Stellen Sie einen Schuh auf die Schablone und überprüfen Sie, ob der Schuh und die Zeichnung zueinander passen. Stellen Sie dann den zweiten Schuh auf die andere Zeichnung. Machen Sie das Kind dabei jeweils auf die Verschlüsse aufmerksam. Wiederholen Sie die Übung mit den restlichen Schuhen. Dann räumen Sie die Schuhe zurück in den Korb.
    Laden Sie das Kind dazu ein, die Übung zu wiederholen.

Fehlerkontrolle:
■ Umrisse und Schuhe stimmen nicht überein.

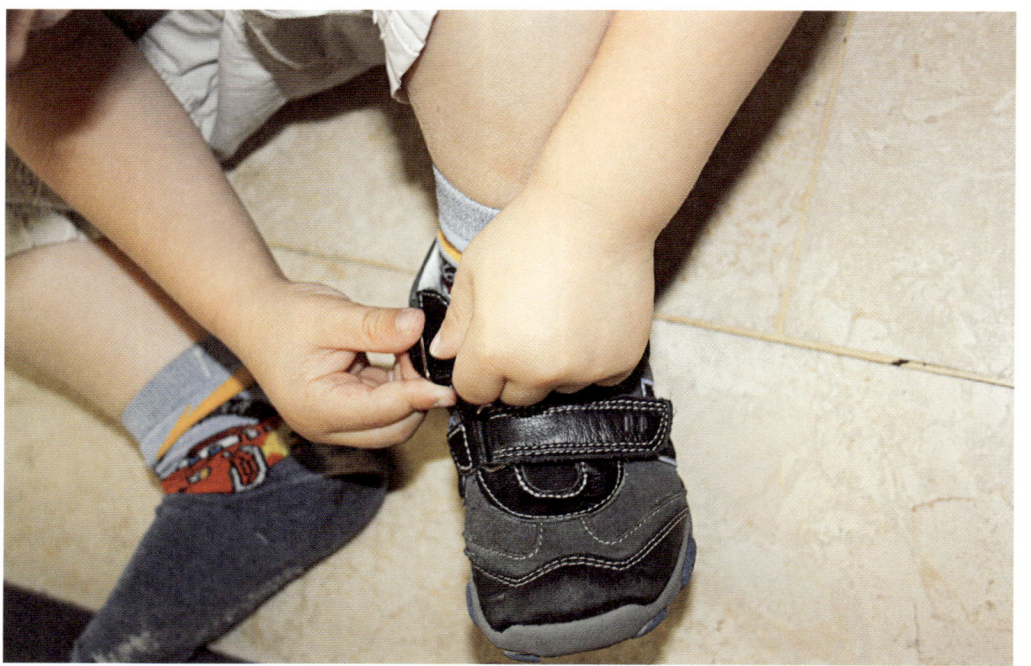

Weitere Möglichkeit:

- Das Kind ordnet Sandalen, Turnschuhe, Gummistiefel, Pantoffeln usw. den Schablonen zu.

Transfer zum Alltag:

Das Kind kann Schuhe paaren und den passenden Füßen zuordnen. Es kann sich alleine die Schuhe zum Anziehen zurechtstellen.

Die Tücherkiste

Das benötigen Sie:

2–3 kleine Dreiecktücher mit Klettverschluss; großes Dreiecktuch mit Klettverschluss; Holzkiste; Spiegel

So führen Sie die Übung ein:

Setzen Sie sich mit dem Kind vor den Spiegel. Nehmen Sie das große Dreiecktuch und machen Sie das Kind auf den Klettverschluss aufmerksam. Zeigen Sie ihm, wie Sie ihn öffnen und schließen. Legen Sie sich den Schal um den Hals und schließen Sie den Klettverschluss vorne. Drehen Sie das Tuch nun so, dass der Verschluss nach hinten zeigt, also im Spiegel nicht mehr sichtbar ist.

Laden Sie das Kind dazu ein, sich ein Tuch aus der Kiste zu nehmen, und fordern Sie es auf, die Übung selbst auszuprobieren.

Fehlerkontrolle:

- Das Tuch hält nicht, da der Klettverschluss nicht richtig geschlossen ist.
- Der Klettverschluss ist noch sichtbar, da das Kind das Tuch nicht genügend gedreht hat.

Transfer zum Alltag:

Das Kind kann sich selbst ein Dreiecktuch mit Klettverschluss anziehen.

9. »Ist mein Gesicht sauber?«
Übungen zur Körperpflege

Die Pflege unseres Körpers dient zum einen der Gesunderhaltung, zum anderen aber auch unserem Wohlbefinden. Bereits sehr jungen Kindern kann dies durch die tagtäglich notwendigen Pflegetätigkeiten deutlich gemacht werden. Wichtig ist hierbei, dass die einzelnen Handlungen vorher angekündigt und sprachlich begleitet werden. Auf diese Weise erhält bereits das Kleinstkind z. B. beim Eincremen eine Vorstellung von seinen Körperteilen, von den zum Eincremen nötigen Materialien und den einzelnen Handlungsschritten : *»Ich werde jetzt deinen Po eincremen. Dazu nehme ich die Creme, die ein wenig nach Vanille riecht (evtl. Kind riechen lassen). Jetzt kann es ein bisschen kalt werden, wenn ich die Creme auf deinen Po tupfe, aber ...«*

Ältere Kinder übernehmen gerne einfache pflegerische Tätigkeiten wie sich kämmen, die Hände waschen, das Gesicht abwaschen oder die Zähne putzen. Die »Übungen des täglichen Lebens« ermöglichen es ihnen, sich intensiv damit auseinanderzusetzen und in ihrem eigenen Tempo einzelne Handlungen zu üben, um mit zunehmendem Alter in den Grundlagen der Körperpflege immer sicherer zu werden. So werden das Händewaschen, Zähneputzen oder Haarekämmen schnell zur Selbstverständlichkeit und zur Routine.

Übungen zur Körperpflege bringen das Kind immer in direkten Kontakt mit seinem Körper. Sie helfen ihm, sein Selbstbild zu entwickeln. Das Kind lernt Verantwortung für sich zu übernehmen. Es wird zunehmend sicherer in der Körperkontrolle und gewinnt ein großes Stück an Selbstständigkeit und Unabhängigkeit.

Hände waschen

Das benötigen Sie:
kleines Waschbecken; Seife; Handtuch; evtl. kleiner Schemel

So führen Sie die Übung ein:
Das Kind hat bereits gelernt, den Wasserhahn zu öffnen und zu schließen. Zeigen Sie ihm nun, wie es die Hände wäscht.

Drehen Sie den Wasserhahn auf und lassen Sie kurz Wasser über die Hände laufen. Schließen Sie den Hahn. Nehmen Sie die Seife und reiben Sie sie zwischen den Händen, so dass Seifenschaum entsteht. Öffnen Sie den Wasserhahn und waschen Sie die Seife kurz ab, bevor Sie sie zurück in die Seifenschale legen. Halten Sie die Hände unter den Wasserhahn und reiben Sie sie kräftig gegeneinander. Reiben Sie auch die einzelnen Finger ab und vergessen Sie die Handrücken nicht. Ist die Seife entfernt, schließen Sie den Wasserhahn. Schütteln Sie die Hände kurz über dem Waschbecken aus, bevor Sie sie mit dem Handtuch abtrocknen.

Das Kind kann sich nun selbst im Händewaschen üben.

Fehlerkontrolle:
- Die Hände sind noch schmutzig.
- Es sind noch Seifenreste zu sehen.

Weitere Möglichkeiten:
- Bieten Sie unterschiedliche Seifen an.
- Das Kind benutzt einen Seifenspender.

Transfer zum Alltag:
Das Kind kann sich selbstständig die Hände waschen.

Zähne putzen

Das benötigen Sie:

Kinderzahnbürste; Erwachsenen-Zahnbürste; Kinderzahnpasta; zwei kleine Becher; Spiegel; Waschbecken; evtl. kleiner Hocker

So führen Sie die Übung ein:

Lassen Sie Wasser in Ihren Becher laufen und bitten Sie das Kind, seinen Becher zu füllen. Geben Sie dem Kind die Kinderzahnbürste. Zeigen Sie ihm, wie Sie Zahnpasta auf die Zahnbürste geben. Beginnen Sie, sich in langsamen Bewegungen mit der Bürste über die Kauflächen der Zähne zu bürsten. Reinigen Sie sowohl die unteren als auch die oberen Zähne. Zeigen Sie dem Kind, wie Sie die Zahnpasta ausspucken und mit Wasser den Mund ausspülen.

Laden Sie das Kind zum Zähneputzen ein. Putzen Sie seine Zähne an den Stellen nach, die es noch nicht selbst reinigen kann. Mit zunehmendem Alter lernt es dann, auch diese Flächen selbst zu putzen.

Weitere Möglichkeit:

■ Probieren Sie unterschiedliche Zahnpasta aus.

Transfer zum Alltag:

Das Kind kann bei seiner Zahnpflege helfen und mehr und mehr Eigenverantwortung übernehmen.

Gesicht und Hände abwaschen

Das benötigen Sie:
feuchte Waschlappen oder kleine Frotteetücher; 2 Plastikschalen in unterschiedlichen Farben, davon eine mit leicht abnehmbarem Deckel; Spiegel

Das ist vorzubereiten:
Feuchten Sie die Waschlappen bzw. Tücher an. Im Winter kann dies mit warmem Wasser geschehen. Legen Sie die Lappen bzw. Tücher in die Schale mit dem Deckel. Durch den Deckel bleiben die Tücher länger feucht. Suchen Sie einen Platz im Raum, an dem die Materialien stehen bleiben können.

So führen Sie die Übung ein:
Nehmen Sie den Deckel von der Dose und greifen Sie ein Tuch heraus. Schauen Sie in den Spiegel und wischen Sie sich mit dem Tuch langsam und deutlich über das Gesicht oder den Mund. Zum Schluss reinigen Sie Ihre Hände. Das Tuch kommt dann in den Behälter ohne Deckel.

Laden Sie das Kind dazu ein, sich nun ein Tuch zu nehmen und die Übung zu wiederholen.

Fehlerkontrolle:
▨ Es sind noch schmutzige Stellen zu sehen.

Weitere Möglichkeiten:
▨ Bieten Sie Tücher aus unterschiedlichen Stoffen an (Frottee, Baumwolle, Leinen …).
▨ Tränken Sie die Tücher mit ein paar Tropfen Rosenwasser.

Transfer zum Alltag:
Das Kind kann sich nach einer Mahlzeit mit einem feuchten Tuch Gesicht und Hände abwaschen.

Haare kämmen

Das benötigen Sie:
kleiner Kamm; kleine Bürste; Tischspiegel; eine flache Schale; Tablett

Das ist vorzubereiten:
Die Bürste und der Kamm kommen in die flache Schale.

So führen Sie die Übung ein:
Findet sich kein Platz im Raum, an dem die Übung fest installiert werden kann, trägt das Kind das Tablett zu einem Tisch. Stellen Sie den Spiegel vor sich, so dass Sie sich darin sehen können. Wählen Sie die Bürste oder den Kamm und bürsten oder kämmen Sie sich damit langsam die Haare. Legen Sie die Bürste bzw. den Kamm wieder zurück.

Schieben Sie den Spiegel vor das Kind, so dass es sich selbst bürsten bzw. kämmen kann. Beendet das Kind die Übung, wird das Tablett ins Regal zurückgestellt.

Fehlerkontrolle:
■ Das Haar ist noch durcheinander.

Weitere Möglichkeiten:
■ Bieten Sie von Zeit zu Zeit andere Bürsten und Kämme an.
■ Älteren Kindern kann gezeigt werden, wie sie am Ende der Arbeit die Bürste oder den Kamm reinigen können. Die ausgekämmten Haare kommen in einen kleinen Tischmülleimer.

Transfer zum Alltag:
Das Kind kann sich, z. B. morgens nach dem Aufstehen, alleine die Haare bürsten oder kämmen.

Haarspängchen befestigen

Das benötigen Sie:
Bürste; Kamm; flache Schale; kleines Schälchen; 2–4 Haarspangen; Tischspiegel; Tablett

Das ist vorzubereiten:
Die Bürste und der Kamm kommen in die flache Schale, die Haarspangen in das kleine Schälchen.

So führen Sie die Übung ein:
Das Tablett wird vom Kind zu einem Tisch getragen. Kämmen bzw. bürsten Sie sich zunächst die Haare mit dem Kamm oder der Bürste. Wählen Sie eine Haarspange aus und zeigen Sie dem Kind, wie sie geöffnet wird. Schieben Sie die Spange ins Haar und machen Sie das Kind darauf aufmerksam, wie Sie die Haarspange schließen. Wiederholen Sie dasselbe mit einer weiteren Haarspange. Kontrollieren Sie im Spiegel, ob die Spangen am richtigen Platz sitzen. Entfernen Sie sie wieder aus den Haaren. Auch dies muss mit langsamen und deutlichen Bewegungen dem Kind gezeigt werden.

Schieben Sie das Tablett zum Kind und fordern Sie es zur Arbeit auf. Am Ende bringt es die Materialien zurück ins Regal.

Fehlerkontrolle:
■ Die Haarspangen halten nicht im Haar.

Weitere Möglichkeit:
■ Tauschen Sie von Zeit zu Zeit die Haarspangen aus.

Transfer zum Alltag:
Das Kind kann Haarspangen in seinem Haar befestigen.

Das Gesicht eincremen

Das benötigen Sie:
kleines Döschen mit Creme; Spiegel; Papiertücher; kleiner Eimer mit Deckel; Tablett

Das ist vorzubereiten:
Achten Sie beim Kauf der Creme darauf, dass sie möglichst frei von Zusatzstoffen ist. Am preiswertesten ist die Anschaffung einer großen Dose oder Flasche, von der aus in ein kleines, handliches Döschen umgefüllt wird. Beachten Sie: Das Verteilen fester Creme setzt mehr taktile Reize als das Auftragen von Lotion!

So führen Sie die Übung ein:
Das Kind trägt das Tablett zum Tisch. Stellen Sie den Spiegel vor sich. Öffnen Sie das Cremedöschen und nehmen Sie mit dem Finger etwas Creme auf. Tupfen Sie die Creme auf die Wangen und auf die Nase. Anschließend verreiben Sie sie im Gesicht. Kontrollieren Sie das Ergebnis. Wischen Sie die Creme mit einem Papiertuch von den Händen ab. Das Papiertuch kommt in den kleinen Eimer. Verschließen Sie das Cremedöschen.

Schieben Sie den Spiegel zum Kind. Es kann nun sein Gesicht eincremen. Ist die Arbeit beendet, trägt das Kind das Tablett zurück zum Regal.

Fehlerkontrolle:
■ Es ist noch Creme sichtbar.

Weitere Möglichkeit:
■ Das Kind cremt sich mit Sonnenmilch ein.

Transfer zum Alltag:
Das Kind kann sich eincremen.

10. »Eier pellen, Brote schmieren ...« Übungen zur Nahrungszubereitung

Essen gehört zu den Grundbedürfnissen des Menschen. Demzufolge sind schon die Kleinsten an der Nahrungszubereitung interessiert, denn für die eigene Nahrung zu sorgen ist wiederum ein großer Schritt in Richtung Selbstständigkeit.

Gerne probieren sie aus, sich ein Brot zu schmieren, eine Banane zu schälen oder Eier zu pellen. Stehen ihnen hierzu die nötigen Arbeitsgeräte in handlicher Größe zur Verfügung und wird ihnen gezeigt, wie eine Arbeit am effektivsten ausgeführt wird, sind sie in der Lage, bei der Nahrungszubereitung zu helfen und sich mit vielen verschiedenen Tätigkeiten einzubringen.

Wichtig ist, dass die bereitstehenden Arbeitsutensilien gebrauchsfähig sind und kein Spielzeug. So ist Plastikgeschirr gerade für junge Kinder ungeeignet. Plastikteller verrutschen leicht, und Plastikbecher kippen schnell um. Mit Kinder-Plastikmessern lässt sich zudem kaum etwas schneiden. Geschirr aus Porzellan oder Glas ist dagegen standfest und erleichtert den Kindern die Handhabung. Zudem macht es unmissverständlich auf unsachgemäßen und ungeschickten Gebrauch aufmerksam. Die Benutzung »echter« Messer und »echten« Geschirrs aus Glas und Porzellan, das wir ja auch in unserem Alltag verwenden, sorgt dagegen für Erfolgserlebnisse und gibt dem Kind die Sicherheit, in seinem Tun ernst genommen zu werden.

Weisen Sie die Kinder immer wieder darauf hin, dass sie sich die Hände waschen sollen, bevor sie mit Lebensmitteln umgehen, und seien Sie sich ihrer Vorbildfunktion bewusst.

Eine Banane schälen und schneiden

Das benötigen Sie:
Banane; Messer; kleines Brettchen; Schale (für Bananenschale); kleines Schälchen o. Ä. (für Bananenstückchen); abwaschbares Platzdeckchen; feuchtes Tuch; Tablett

Das ist vorzubereiten:
Stellen Sie alle Materialien auf dem Tablett zusammen.

So führen Sie die Übung ein:
Bitten Sie das Kind, das Material zum Tisch zu tragen, und zeigen Sie ihm, wie es den Arbeitsplatz vorbereitet. Nehmen Sie die Banane und schälen Sie sie. Die Schale kommt in das Schälchen. Schneiden Sie die Banane nun in Scheiben. Die Stücke kommen in das zweite Schälchen. Reinigen Sie sich mit dem Tuch die Hände. Führen Sie alle Arbeiten langsam und deutlich aus. Nun können Sie mit dem Kind die Bananenstücke aufessen. Möchte das Kind danach selbst eine Banane schälen und zerschneiden, so kann es die Übung wiederholen. Ansonsten werden die Materialien gespült, zurück auf das Tablett gelegt und wieder ins Regal gestellt.

Fehlerkontrolle:
■ Die Banane ist zu klein geschnitten, so dass die Kinder sich keine Stücke aus dem Schälchen nehmen können.

Transfer zum Alltag:
Das Kind kann sich selbst eine Banane schälen und zerteilen.

Ein Brot schmieren

Das benötigen Sie:
abwaschbares Tischset; kleines Messer; Brettchen; Frischkäse; Brot; kleine verschließbare Dose; feuchtes Tuch; Tablett

Das ist vorzubereiten:
Verrühren Sie den Frischkäse mit ein wenig Milch. Dadurch wird er streichfähiger. Schneiden Sie das Brot in handliche Stücke und legen Sie es in die Dose.

So führen Sie die Übung ein:
Zeigen Sie dem Kind, wo die Arbeit steht, und bitten Sie es, das Tablett zum Tisch zu tragen. Legen Sie das Tischset vor sich und ordnen Sie die Materialien darauf an.

Öffnen Sie die Dose und nehmen Sie ein Stück Brot heraus. Legen Sie es auf das Brettchen. Nehmen Sie mit dem Messer etwas Frischkäse und streichen Sie ihn auf das Brot. Achten Sie darauf, dass er gleichmäßig verteilt ist. Teilen Sie das Brot und laden Sie das Kind zum Essen ein. Anschließend wischen Sie sich mit dem feuchten Tuch die Hände ab.

Schieben Sie die Materialien zum Kind, so dass es die Arbeit wiederholen kann. Das vom Kind geschmierte Brot kann direkt aufgegessen oder für eine gemeinsame Mahlzeit zur Seite gelegt werden. Am Ende werden alle Materialien gespült und das Tablett zum Regal getragen.

Fehlerkontrolle:
- Der Frischkäse ist nicht gleichmäßig verteilt.
- Das geschmierte Brot sieht unappetitlich aus.

Weitere Möglichkeiten:
- Bieten Sie unterschiedliche Brote zum Schmieren an.
- Das Kind schmiert andere Materialien auf das Brot (Marmelade, Nutella, Erdnussbutter …).

Transfer zum Alltag:
Das Kind kann sich ein Brot bestreichen.

Zwieback zerbröseln

Das benötigen Sie:
Zwieback; Mörser mit Stößel; verschließbare Dose; Schälchen; Tablett

Das ist vorzubereiten:
Der Zwieback kommt in die verschließbare Dose. Die Materialien werden auf dem Tablett zusammengestellt.

So führen Sie die Übung ein:
Das Tablett wird zum Tisch getragen. Öffnen Sie die Dose und nehmen Sie einen Zwieback heraus. Zerkleinern Sie ihn ein wenig, so dass er in den Mörser passt. Nehmen Sie den Stößel und zerdrücken Sie damit den Zwieback. Ist er zerkleinert, geben Sie ihn in das Schälchen.

Das Kind kann nun die Arbeit übernehmen. Am Ende der Übung kann der zerbröselte Zwieback in Quark oder Joghurt gerührt werden. Möchten Sie die Krümel sammeln (z. B. um sie zum Backen zu nutzen), so stellen Sie zusätzlich eine verschließbare Dose auf das Tablett. Am Ende der Arbeit trägt das Kind das Tablett zurück ins Regal.

Fehlerkontrolle:
■ Der Zwieback wird nicht zerkleinert, da das Kind mit dem Stößel zu wenig Druck ausübt.

Weitere Möglichkeiten:
■ Stellen Sie Mörser aus unterschiedlichen Materialien bereit (Holz, Stein, Porzellan).
■ Bieten Sie andere Dinge zum Zerkleinern an (z. B. Löffelbiskuits, Butterkekse, Knäckebrot).

Transfer zum Alltag:
Das Kind kennt die Handhabung eines Mörsers und kann bei Arbeiten helfen, zu denen er gebraucht wird (z. B. Kräuter zermahlen).

Hartgekochte Eier pellen

Das benötigen Sie:
hartgekochte Eier; drei Schälchen; feuchtes Tuch mit Ablage; wasserfestes Tablett

Das ist vorzubereiten:
Kochen Sie die Eier ab und lassen Sie sie abkühlen. Sorgen Sie dafür, dass alle Materialien griffbereit auf dem Tablett liegen.

So führen Sie die Übung ein:
Das Kind trägt das Tablett zum Arbeitsplatz. Nehmen Sie ein Ei und schlagen Sie es vorsichtig am Tisch auf. Entfernen Sie langsam und für das Kind gut sichtbar die Eierschale. Geben Sie die Schale in eines der Schälchen. Betrachten Sie das gepellte Ei von allen Seiten und zupfen Sie noch vorhandene Eierschalenreste ab. Legen Sie das gepellte Ei in eine Schale. Wischen Sie sich mit dem feuchten Tuch die Hände ab.

Laden Sie das Kind dazu ein, die Übung zu wiederholen.

Sind die Eier gepellt, können Sie sie mit dem Kind aufessen oder zu anderen Zwecken nutzen.

Am Ende der Arbeit entsorgt das Kind die Eierschalen. Es trägt das Tablett zurück zum Regal. Hier können Sie neue Eier auffüllen.

Fehlerkontrolle:
- ◼ Es ist noch Eierschale sichtbar.
- ◼ Beim Essen beißt man auf Eierschale.

Weitere Möglichkeit:
- ◼ Das Kind pellt bunt bemalte Ostereier.

Transfer zum Alltag:
Das Kind kann Eier pellen, die z. B. zur Dekoration oder zur weiteren Verwendung gebraucht werden.

Der Eierschneider

Das benötigen Sie:
hartgekochte Eier; Eierschneider; zwei Schälchen; flacher Teller; feuchtes Tuch mit Ablage; wasserfestes Tablett

Das ist vorzubereiten:
Kochen Sie die Eier hart und lassen Sie sie kalt werden. Legen Sie sie in eines der Schälchen. Alle anderen Materialien werden auf dem Tablett angeordnet.

So führen Sie die Übung ein:
Das Kind bringt das Tablett zum Tisch. Pellen Sie das Ei (wie bei der vorherigen Übung). Stellen Sie den Eierschneider vor sich. Öffnen Sie ihn und legen Sie das Ei hinein. Drücken Sie den oberen Teil nach unten. Nehmen Sie das Ei heraus und legen Sie die einzelnen Eischeiben auf den Teller. Säubern Sie sich mit dem feuchten Tuch die Hände.

Geben Sie dem Kind ein Ei und laden Sie es ein, die Übung zu wiederholen. Sind alle Eier geschält und geschnitten, kann das Kind sie an andere Kinder aus der Gruppe verteilen oder zur Seite stellen. Vielleicht werden sie ja zu einem anderen Zweck gebraucht.

Bitten Sie das Kind, die Eierschalen zu entsorgen und anschließend das Tablett zum Regal zurückzutragen.

Fehlerkontrolle:
- Es ergibt sich kein schönes Gesamtbild, da die Eierscheiben beim Schneiden oder Auseinanderlegen kaputtgegangen sind.

Transfer zum Alltag:
Das Kind kann einen Eierschneider handhaben und sich ein Ei in Scheiben schneiden. Es kann so bei der Zubereitung verschiedener Speisen helfen.

Eine Salatgurke zubereiten

Das benötigen Sie:
2 Glasschälchen; Schneidebrett; Messer; Schälmesser; feuchtes Tuch; Tablett

Das ist vorzubereiten:
Markieren Sie das Messer am Messerrücken mit einem Streifen Lack (z. B. Nagellack). So weiß das Kind, welche Seite es berühren kann. Stellen Sie alle Materialien auf dem Tablett zusammen.

So führen Sie die Übung ein:
Zeigen Sie dem Kind, wo es das Gurkentablett finden kann. Legen Sie die Gurke auf das Schneidebrett. Schneiden Sie sie in der Mitte durch. Schälen Sie eine Hälfte mit dem Schälmesser. Die Gurkenschale kommt in eines der Schälchen. Schneiden Sie danach die Gurke in dünne Scheiben. Diese kommen in das andere Schälchen.

Das Kind kann nun die zweite Gurkenhälfte schälen und schneiden. Die Gurkenscheiben kann es selbst essen oder an die Kinder in der Gruppe verteilen.

Am Ende der Arbeit bringt das Kind die Gurkenschalen in den Mülleimer bzw. Komposteimer. Alle Materialien werden gespült und zurück auf das Tablett gelegt. Zeigen Sie dem Kind, wo sich eine neue Gurke befindet, die auf das Tablett kommt. Das Kind bringt das Tablett zurück zum Regal.

Fehlerkontrolle:
- An der Gurke befindet sich noch Schale.
- Die Gurkenstücke sind zu grob oder zu fein geschnitten.
- Das Kind schneidet sich in den Finger.

Transfer zum Alltag:
Das Kind weiß, wie eine Gurke geschält und geschnitten wird. Es kann z. B. bei der Zubereitung eines Rohkosttellers helfen.

11. »Fegen, wischen, Wäsche falten«
Kinder helfen im Haushalt

Staub wischen, den Tisch oder Schränke abwaschen, den Boden fegen, Wäsche aufhängen – es gibt viele Arbeiten, die tagtäglich in einem Haushalt zu erledigen sind. Kleine Kinder sind davon noch fasziniert und wollen bei möglichst allen Arbeiten helfen. Mit auf Kindergröße abgestimmten Arbeitsgeräten sind sie schon früh in der Lage, kleine Aufgaben zu übernehmen und aktiv mitzuwirken. Dies macht sie stolz, gibt ihnen das Gefühl, ernst genommen zu werden und ein Mitglied der Gemeinschaft zu sein. Damit Kinder eine positive Einstellung zur Hausarbeit erhalten, müssen wir als gutes Vorbild fungieren. Dazu gehört, dass wir die anfallenden Arbeiten nicht als lästiges Übel betrachten, sondern als Möglichkeit sehen, unsere Umgebung schön zu gestalten, sie zu pflegen, sie sauber und ordentlich zu halten, so dass sich alle darin wohl fühlen können. Hierzu kann und muss jeder seinen Beitrag leisten, auch die Jüngsten!
Gerade hauswirtschaftliche Arbeiten fordern körperlichen Einsatz. Dabei wird die gesamte Muskulatur sowie die Grob- und Feinmotorik gestärkt. Da es sich meist um sehr komplexe Tätigkeiten handelt, müssen dem jungen Kind die einzelnen Arbeitsschritte (Planung, Vorbereitung und Durchführung) langsam und deutlich vermittelt werden.

Schaufel und Handfeger benutzen

Das benötigen Sie:
großes, flaches Tablett; großer Kreis aus Selbstklebefolie; kleine Kehrgarnitur; kleines Schälchen; dicke Bohnen

Das ist vorzubereiten:
Schneiden Sie aus selbstklebender Folie einen Kreis aus. Er muss sich farblich deutlich vom Tablett abheben. Kleben Sie den Kreis in die Mitte des Tabletts. Geben Sie die dicken Bohnen in das Schälchen.

So führen Sie die Übung ein:
Nachdem das Kind das Tablett zum Tisch getragen hat, stellen Sie dieses vor sich. Nehmen Sie die Schale mit den dicken Bohnen und verteilen Sie diese auf dem Tablett. Greifen Sie zu Schaufel und Handfeger. Fegen Sie mit dem Handfeger alle Bohnen auf den Klebefolienkreis, dann auf die Schaufel. Die Bohnen kommen zurück in das Schälchen.
   Nun kann das Kind die Arbeit wiederholen. Am Ende trägt es das Tablett zurück.

Fehlerkontrolle:
▪ Es liegen noch Bohnen auf dem Tablett.

Weitere Möglichkeiten:
▪ Nehmen Sie andere Materialien (Wollschnipsel, Styropor, Papierkügelchen …).
▪ Legen Sie unterschiedliche Kehrgarnituren bereit.

Transfer zum Alltag:
Das Kind kann mit Schaufel und Handfeger umgehen und Gegenstände aufkehren.

Staub wischen

Das benötigen Sie:
kleiner Staubwedel; Schürze

Das ist vorzubereiten:
Der Staubwedel und die Schürze können auf einem Tablett im Regal liegen oder an einem Haken aufgehängt sein.

Suchen Sie einen Schrank, der deutlich sichtbar mit Staub belegt ist.

So führen Sie die Übung ein:
Zeigen Sie dem Kind den Platz, an dem sich die zum Staubwischen benötigten Materialien befinden.

Das Kind zieht die Schürze an. Gehen Sie mit ihm zu dem Schrank mit der Staubschicht. Machen Sie das Kind auf den Staub aufmerksam. Zeigen Sie ihm die Handhabung des Staubwedels. Lassen Sie es den Schrank abstauben, solange es möchte. Am Ende bringen Sie mit dem Kind alle Materialien wieder an ihren Platz zurück. Das Kind wäscht sich die Hände.

Fehlerkontrolle:
■ Es ist noch Staub zu sehen.

Weitere Möglichkeiten:
■ Das Kind staubt andere Gegenstände im Raum ab.
■ Das Kind benützt andere Materialien zum Staubwischen (unterschiedliche Staubwedel, Staubtuch).

Transfer zum Alltag:
Das Kind kennt die Handhabung eines Staubwedels und kann beim Reinigen der Möbel helfen.

Servietten falten

Das benötigen Sie:
4 kleine, möglichst quadratische Stoffservietten; Stickgarn; Nadel; Schere; Tablett

Das ist vorzubereiten:
Sticken Sie die Linien auf die Servietten (Gerade, Schräge, gerades Kreuz, schräges Kreuz). Das Stickgarn ermöglicht es, dass die Linien nicht nur sichtbar, sondern auch tastbar sind. Die Servietten liegen gefaltet auf dem Tablett.

So führen Sie die Übung ein:
Bitten Sie das Kind, die Arbeit vom Regal zu einem Tisch zu tragen. Nehmen Sie die Serviette mit der aufgestickten Geraden und streichen Sie sie glatt. Machen Sie das Kind auf die gestickte Linie aufmerksam, indem Sie mit Zeige- und Mittelfinger darüberfahren. Falten Sie die Serviette entlang der Linie. Legen Sie sie zur Seite. Wiederholen Sie die Arbeit mit den restlichen Servietten (schräge Linie, gerades Kreuz, schräges Kreuz).

Am Ende schieben Sie die Arbeit zum Kind. Das Kind kann sich nun im Serviettenfalten üben. Es legt am Ende der Arbeit die gefalteten Servietten wieder auf das Tablett und bringt es zurück an seinen Platz im Regal.

Fehlerkontrolle:
- Es entsteht kein schönes Gesamtbild, da eine oder mehrere Servietten unordentlich gefaltet sind.

Transfer zum Alltag:
Das Kind kann beim Tischdecken helfen und die Servietten vorbereiten.

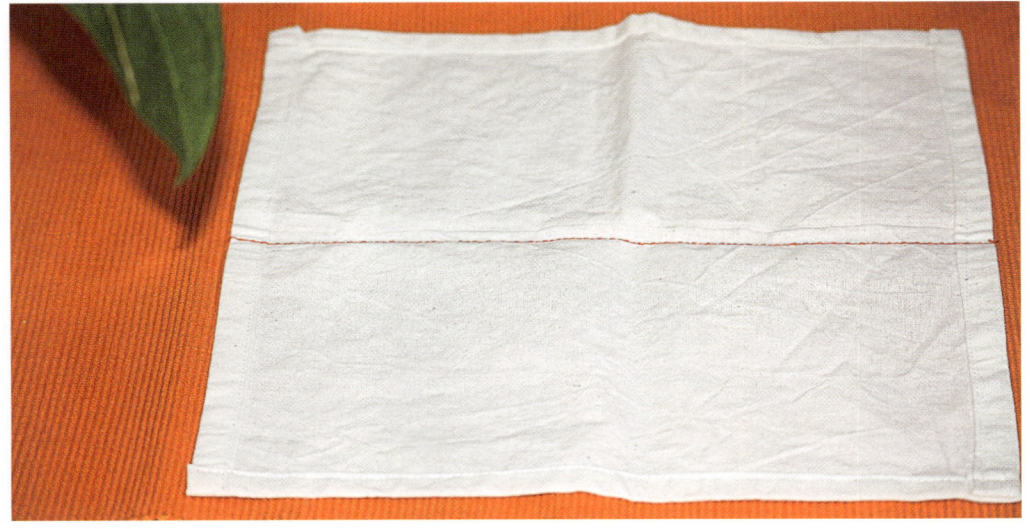

Wäsche aufhängen

Das benötigen Sie:
kleiner Wäscheständer; Wäscheklammern; Wäsche (Tücher, Puppenkleidung, Strümpfe ...); kleines Körbchen; großer Korb

Das ist vorzubereiten:
Suchen Sie einen geeigneten Platz, an dem die Materialien immer stehen können. Achten Sie bei der Auswahl der Wäscheteile darauf, dass sie mit nur einer Klammer vom Kind aufgehängt werden können! Legen Sie die Wäscheklammern in den kleinen, die Wäschestücke in den großen Korb.

So führen Sie die Übung ein:
Nehmen Sie eine Wäscheklammer und zeigen Sie dem Kind, wie Sie sie öffnen und schließen. Suchen Sie ein Wäscheteil aus dem großen Korb aus. Befestigen Sie es mit der Wäscheklammer an der Wäscheleine des Ständers. Nehmen Sie zwei bis drei weitere Wäschestücke und hängen Sie sie ebenfalls an den Ständer.

Bitten Sie das Kind, Ihnen zu helfen. Am Ende der Arbeit werden alle Wäscheteile wieder abgenommen und zurück in den Korb gelegt.

Fehlerkontrolle:
■ Die Wäsche bleibt nicht hängen, da das Kind die Klammern nicht richtig platziert.

Weitere Möglichkeiten:
■ Bieten Sie von Zeit zu Zeit andere Wäscheklammern an.
■ Tauschen Sie immer wieder die Wäschestücke aus.
■ Bieten Sie Wäscheteile an, die mit zwei Wäscheklammern befestigt werden müssen.

Transfer zum Alltag:
Das Kind kann mit Wäscheklammern umgehen und damit Wäsche an einer Leine befestigen. Es kann z. B. beim Wäscheaufhängen helfen oder ein nasses Tuch vom Spülen zum Trocknen aufhängen.

Einen Schwamm ausdrücken

Das benötigen Sie:
kleiner Schwamm (Naturschwamm); zwei gleichgroße Schalen; Wasser; kleines Handtuch; ein wasserfestes Tablett

Das ist vorzubereiten:
Füllen Sie eine der Schalen mit Wasser. Legen Sie den Schwamm in das leere Schälchen.

So führen Sie die Übung ein:
Zeigen Sie dem Kind den Platz des Materials und bitten Sie es, das Tablett zum Tisch zu tragen.

Nehmen Sie den Schwamm und tauchen Sie ihn in die Schale mit Wasser. Hat er sich mit Wasser vollgesaugt, nehmen Sie ihn wieder heraus. Halten Sie ihn noch ein klein wenig über der Wasserschale, so dass das Wasser abtropfen kann. Führen Sie ihn dann schnell über die zweite Schale. Hier wird er ausgedrückt. Wiederholen Sie dies so oft, bis kein Wasser mehr in der ersten Schale ist. Kontrollieren Sie, ob während Ihrer Arbeit Wasser verschüttet wurde. Wischen Sie Wasser, das auf das Tablett getropft ist, mit dem Tuch weg. Trocknen Sie Ihre Hände ab.

Schieben Sie die Arbeit vor das Kind. Es kann nun die Übung wiederholen. Nachdem es sie beendet hat, trägt es das Tablett zurück zum Regal.

Fehlerkontrolle:
- ◼ Verschüttetes Wasser befindet sich auf dem Boden, dem Tisch oder dem Tablett.
- ◼ Am Ende der Übung befindet sich Wasser in beiden Schalen.

Weitere Möglichkeiten:
- ◼ Das Kind arbeitet mit der nicht dominanten Hand oder mit beiden Händen.
- ◼ Legen Sie von Zeit zu Zeit andere Schwämme bereit.
- ◼ Bieten Sie dem Kind gefärbtes Wasser an.
- ◼ Tauschen Sie die Schalen aus.

Transfer zum Alltag:
Das Kind kann bei Reinigungsarbeiten (Tisch abwischen) oder bei der Pflanzenpflege helfen.

Silbertablett wischen

Das benötigen Sie:
kleines glänzendes Tablett; feuchtes Tuch; kleines Handtuch; Schälchen; Tablett

Das ist vorzubereiten:
Legen Sie die beiden Tücher in jeweils ein Schälchen. Sorgen Sie dafür, dass das Wischtuch immer feucht ist.

So führen Sie die Übung ein:
Bitten Sie das Kind, das Tablett vom Regal zum Tisch zu tragen.

Stellen Sie das Tablett vor sich. Nehmen Sie das feuchte Tuch und wischen Sie damit über das Tablett. Betrachten Sie das Tablett genau und schauen Sie, ob überall gewischt wurde. Machen Sie das Kind evtl. auf die durch das Wischen entstandenen Wasserspuren aufmerksam. Legen Sie den Lappen zurück in das Schälchen. Mit dem zweiten Tuch reiben Sie das Tablett trocken. Haben Sie über alle nassen Stellen gewischt, überprüfen Sie das Ergebnis. Nehmen Sie das Tablett in die Hände und schauen Sie es sich genau an. Es dürfen keine Wasserschlieren mehr zu sehen sein. Wischen Sie evtl. an entsprechenden Stellen noch einmal nach.

Legen Sie das Tablett vor das Kind. Es kann nun mit der Arbeit beginnen. Ist das Kind mit der Arbeit fertig, trägt es das Tablett zurück zum Regal.

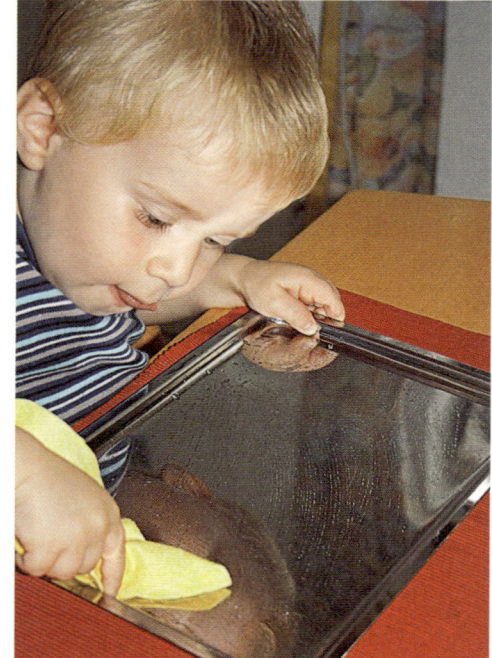

Fehlerkontrolle:
- Es sind nach der Reinigung noch Wasserspuren auf dem Tablett zu sehen.

Weitere Möglichkeiten:
- Das Kind arbeitet anstelle des Tuchs mit einem Schwamm.
- Wechseln Sie von Zeit zu Zeit das Tablett aus. Bieten Sie z. B. andere Formen (oval, rund) an.

Transfer zum Alltag:
Das Kind kann ein Tablett abwischen.

Einen Teppich aufrollen

Das benötigen Sie:
kleiner Teppich; Teppichständer

So führen Sie die Übung ein:
Zeigen Sie dem Kind den Platz, an dem der Teppichständer steht. Ziehen Sie einen Teppich aus dem Ständer und legen Sie ihn auf den Boden. Rollen Sie ihn langsam auf. Knien Sie sich vor die schmale Seite. Zeigen Sie dem Kind nun mit langsamen Bewegungen, wie Sie die Kante einrollen. Rollen Sie dann den Teppich zusammen.

Laden Sie das Kind zum Arbeiten ein. Tragen Sie den zusammengerollten Teppich zurück zum Ständer und zeigen Sie dem Kind, wie er eingesteckt wird.

Fehlerkontrolle:
- Der Teppich ist schief eingerollt. Dies ergibt kein schönes Gesamtbild.
- Der Teppich ist zu locker gerollt und passt daher nicht in den Teppichständer.

Transfer zum Alltag:
Das Kind kann einen kleinen Teppich zusammenrollen. Damit kennt es die Technik, Material zu rollen, und kann sie auf weitere Tätigkeiten anwenden (z. B. Servietten rollen).

Den Tisch decken

Das benötigen Sie:
vorbereitetes Platz-Set; Frühstücksbrettchen oder Teller; Glas; Messer; Gabel; Dessert-löffel; Korb; Tablett

Das ist vorzubereiten:
Zeichnen Sie auf eine Pappe in der Größe eines Platzdeckchens die Umrisse der Geschirr- und Besteckteile. Überziehen Sie die Pappe anschließend mit Klarsichtfolie.

So führen Sie die Übung ein:
Legen Sie die Pappvorlage auf den Tisch. Nehmen Sie den Teller und stellen Sie ihn auf den aufgemalten Kreis. Überprüfen Sie das Ergebnis. Nehmen Sie nach und nach alle Utensilien aus dem Korb und legen Sie sie an den vorgesehenen Platz. Überprüfen Sie am Ende noch einmal Ihre Arbeit. Legen Sie alles zurück in den Korb.
   Das Kind kann sich nun im Tischdecken üben.

Fehlerkontrolle:
■ Das Gesamtbild wirkt ungeordnet.

Weitere Möglichkeit:
■ Das Kind deckt den Tisch zu anderen Mahlzeiten.

Transfer zum Alltag:
Das Kind kennt die Materialien, die zum Tischdecken nötig sind, und den Platz der ein-zelnen Geschirr- und Besteckteile. Es kann den Tisch decken.

Einen Stuhl unter den Tisch stellen

Das benötigen Sie:
Kinderstuhl; kleiner Tisch

So führen Sie die Übung ein:
Sagen Sie dem Kind, dass Sie ihm zeigen möchten, wie ein Stuhl unter den Tisch gestellt wird. Nehmen Sie den Stuhl und stellen Sie ihn ein Stück weiter entfernt vom Tisch ab. Fassen Sie unter die Sitzfläche und unter die Armlehne und tragen Sie den Stuhl so weit wie möglich an den Tisch. Stellen Sie sich hinter den Stuhl und heben Sie ihn an der Rückenlehne an. Schieben Sie ihn, ohne Geräusche zu verursachen, möglichst weit unter den Tisch.

Bitten Sie das Kind, die Übung zu wiederholen.

Fehlerkontrolle:
- Das Kind verursacht Geräusche.
- Der Stuhl steht nicht unter dem Tisch.

Weitere Möglichkeit:
- Das Kind schiebt einen Hocker unter den Tisch.

Transfer zum Alltag:
Das Kind kann leise einen Stuhl unter den Tisch stellen.

12. »Hegen und pflegen« – Heranführung an die Pflanzen- und Blumenpflege

Zimmerpflanzen und Blumen müssen gepflegt werden, damit sie wachsen und gedeihen, uns Freude bereiten und unsere Umgebung verschönern. Dies können wir bereits jungen Kindern durch unseren liebevollen, sachgerechten und verantwortungsbewussten Umgang mit den Pflanzen vermitteln.

Die »Kleinen« können schon früh in die ganze Vielfalt der Pflanzen- und Blumenpflege mit eingebunden werden. Die Kinder helfen gerne und können unterschiedliche Aufgaben übernehmen, z. B. die Blumen gießen, verstaubte Blätter abwischen oder abgestorbene und verwelkte Pflanzenteile entfernen. So lernen sie ganz nebenbei, dass es viele unterschiedliche Arten von Pflanzen gibt, die zudem spezifische Wachstumsbedingungen und Pflege benötigen. Sie werden mit grundlegenden Naturgesetzen vertraut und können den sachgerechten Umgang mit Arbeitsmaterialien und Werkzeugen zur Pflanzenpflege lernen.

Im Umgang mit Zimmerpflanzen und Blumen gilt es einige Sicherheitshinweise zu beachten:

- Blumentöpfe dürfen nicht in Reichweite von Krabbelkindern stehen! Kleine Kinder sind neugierig und stecken Blumenerde und abgerissene Pflanzenteile in den Mund.
- Blumentöpfe und Vasen müssen einen sicheren Stand haben!
- Nach der Blumenpflege werden die Hände gewaschen!
- Wassertropfen müssen sofort aufgewischt werden (Rutschgefahr)!

Zimmerpflanzen abstauben

Das benötigen Sie:
großblättrige Zimmerpflanze; wasserfeste Kinderschürze; kleiner Schwamm; kleiner Eimer mit Wasser; trockenes Tuch

Das ist vorzubereiten:
Die Materialien stehen in einem kleinen Regal griffbereit. Werden die Pflanzen nicht in der direkten Nähe des Regals abgestaubt, sollten die benötigten Gegenstände auf einem Tablett zum Transportieren bereitstehen.

So führen Sie die Übung ein:
Das Kind zieht die Schürze an. Eine Pflanze mit möglichst großen Blättern wird zum Abstauben ausgesucht und – je nach ihrer Größe – auf einen Tisch oder auf den Boden gestellt. Tauchen Sie den Schwamm in das Wasser und drücken Sie ihn über dem kleinen Eimer aus. Nehmen Sie ein Blatt und legen Sie es auf die ausgestreckte Handinnenfläche. Fahren Sie nun mit dem Schwamm vom Blattansatz zur Blattspitze. Kontrollieren Sie, ob das Blatt sauber ist. Der Schwamm wird wieder in das Wasser getaucht, herausgenommen und ausgedrückt. Zeigen Sie dem Kind an weiteren 2–3 Blättern, wie der Schwamm darübergeführt wird.

Anschließend fragen Sie das Kind, ob es die Arbeit übernehmen möchte.

Fehlerkontrolle:
- Es sind noch schmutzige bzw. verstaubte Blätter zu sehen.
- Wasser ist auf den Boden oder auf den Tisch gelaufen.

Weitere Möglichkeiten:
- Das Kind benutzt ganz unterschiedliche Schwämme.
- Es reinigt Blätter mit unterschiedlichen Blattformen.

Transfer zum Alltag:
Das Kind kann die Pflege der Zimmerpflanzen übernehmen.

Eine Gießkanne tragen

Das benötigen Sie:
kleine Gießkanne; Kinderschürze; Wasser; Tuch oder Bodenwischer

So führen Sie die Übung ein:
Das Kind zieht die Schürze an. Zeigen Sie ihm, wie es Wasser in die Gießkanne laufen lässt. Dabei sollte sie höchstens zu zwei Dritteln gefüllt werden.

Nehmen Sie die Gießkanne in die rechte Hand. Mit dem Daumen der linken Hand verschließen Sie das Ausgießloch. Gehen Sie mit der Kanne langsam durch den Raum und machen Sie dem Kind deutlich, dass so kein Wasser herauslaufen kann.

Geben Sie dem Kind die Gießkanne, damit es selbst ausprobieren kann, wie sie getragen wird. Verschüttet das Kind dabei Wasser, so zeigen Sie ihm, wie es das Wasser mit dem Tuch aufwischt.

Fehlerkontrolle:
■ Wasser wird verschüttet.

Transfer zum Alltag:
Das Kind kann eine Gießkanne tragen, ohne dass Wasser aus dem Ausgießloch läuft. Es kann bei der Blumenpflege helfen.

Zimmerpflanzen gießen

Das benötigen Sie:
kleine Gießkanne; Tuch oder Bodenwischer; Kinderschürze

Das ist vorzubereiten:
Die Gießkanne, das Tuch und die Schürze sollten immer an einem festen Platz im Raum liegen.

So führen Sie die Übung ein:
Das Kind zieht sich die Schürze an. Dann füllt es Wasser in die Gießkanne.

Stellen Sie die Zimmerpflanzen – je nach ihrer Größe – auf den Boden oder auf den Tisch. Zeigen Sie dem Kind, wie die Gießkanne getragen wird, ohne dass Wasser auf den Boden tropft (vgl. die vorige Übung). Nehmen Sie die Gießkanne und gießen Sie eine Pflanze. Wiederholen Sie dasselbe bei einem weiteren Blumentopf. Sollten Sie dabei etwas Wasser verschütten, wischen Sie es mit dem Tuch weg.

Geben Sie nun dem Kind die Gießkanne. Es kann die Arbeit an den restlichen Pflanzen fortsetzen. Tragen Sie schließlich mit dem Kind die Gießkanne wieder zurück an ihren Platz. Räumen Sie die Pflanzen ebenfalls wieder mit ihm zurück. Das Kind zieht die Schürze aus und bringt sie zu dem dafür vorgesehenen Platz.

Fehlerkontrolle:
- Die Blumenerde ist noch trocken oder viel zu nass.
- Das Kind verschüttet Wasser.

Weitere Möglichkeit:
- Stellen Sie dem Kind von Zeit zu Zeit unterschiedliche Gießkannen bereit.

Transfer zum Alltag:
Das Kind kann bei der Pflege von Zimmerpflanzen helfen.

Pflanzenpflege

Das benötigen Sie:
Zimmerpflanze; große Schürze; Kinderschürze; Kinderschere; kleiner Rechen; Schale für Pflanzenabfall; feuchtes Tuch mit Schale; kleine Kehrgarnitur; Tablett

Das ist vorzubereiten:
Achten Sie bei der Auswahl der Pflanze darauf, dass sie einige gelbe oder vertrocknete Blätter hat. Ordnen Sie die Materialien auf dem Tablett.

So führen Sie die Übung ein:
Ziehen Sie dem Kind und sich selbst die Schürze an. Stellen Sie die Pflanze vor sich. Betrachten Sie die einzelnen Blätter. Dies kann sprachlich begleitet werden. Suchen Sie ein gelbes Blatt heraus. Machen Sie dem Kind den Unterschied zu den grünen Blättern deutlich. Nehmen Sie die Schere und schneiden Sie das Blatt möglichst nahe an der Erde oder am Zweig ab. Geben Sie es in die Schale. Suchen Sie mit dem Kind nach weiteren gelben Blättern. Lassen Sie diese nach Möglichkeit vom Kind finden. Zeigen Sie ihm, wo es das Blatt abschneiden kann. Sind alle verwelkten Blätter entfernt, zeigen Sie dem Kind, wie es mit dem Rechen die Erde auflockert. Fällt dabei Erde auf den Boden oder den Tisch, kehren Sie sie mit der Kehrgarnitur auf. Am Ende kommen alle Materialien zurück auf das Tablett. Die Schürzen werden ausgezogen und die Hände gewaschen.

Fehlerkontrolle:
- Es befinden sich noch gelbe Blätter an der Pflanze.
- Beim Rechen fällt Erde auf den Tisch.

Weitere Möglichkeit:
- Das Kind bearbeitet unterschiedliche Pflanzen.

Transfer zum Alltag:
Das Kind kann bei der Pflanzenpflege helfen.

Blumen in Vasen stellen

Das benötigen Sie:
3–4 kleine Blumenvasen aus Glas in unterschiedlichen Größen; Seidenblumen einer Blumenart (z. B. Osterglocken) in unterschiedlichen Längen; längliche Schale; Tablett

Das ist vorzubereiten:
Prüfen Sie, ob die Blumen in die Vasen passen. Legen Sie alle Blumen in die Schale.

So führen Sie die Übung ein:
Das Kind trägt das Tablett zum Tisch. Hier stellen Sie die Vasen der Größe nach geordnet nebeneinander. Wählen Sie eine Blume aus der Schale. Fassen Sie sie am Stiel an. Machen Sie das Kind darauf aufmerksam, dass die Blume nicht an der Blüte oder einem Blatt berührt wird! Halten Sie sie am Stiel fest und stellen Sie sie in eine passende Vase. Prüfen Sie, ob der Stiel tief genug in der Vase sitzt. Verfahren Sie mit den restlichen Blumen ebenso. Dann geben Sie die Blumen wieder einzeln zurück in die Schale.

Nun kann das Kind tätig werden. Am Ende der Arbeit kommen alle Blumen zurück in die Schale. Das Tablett wird wieder ins Regal gestellt.

Fehlerkontrolle:
- Es ergibt sich kein ordentliches Gesamtbild, da Blumen und Vasen von den Größenverhältnissen her nicht zueinander passen.
- Eine oder mehrere Blumen hängen schief in der Vase, weil der Stiel nicht tief genug in der Vase steckt.

Weitere Möglichkeiten:
- Tauschen Sie die Blumen aus und passen Sie sie den Jahreszeiten an.
- Stellen Sie unterschiedliche Blumen zur Verfügung.
- Stellen Sie Vasen aus undurchsichtigem Material bereit.

Transfer zum Alltag:
Das Kind kann Blumen in eine Vase stellen und bei der Blumenpflege helfen.

Einen Blumenstrauß zusammenstellen

Das benötigen Sie:
Seidenblumen; Blumenvase; flacher Korb; Platzdeckchen; Tablett

Das ist vorzubereiten:
Achten Sie beim Kauf der Blumen auf eine gute Qualität. Probieren Sie aus, ob alle Blumen in die Vase passen und sich ein schönes Gesamtbild ergibt.

So führen Sie die Übung ein:
Bitten Sie das Kind, das Tablett zum Arbeitsplatz zu tragen. Legen Sie das Platzdeckchen auf den Tisch und stellen Sie die Blumenvase vor sich. Nehmen Sie eine Blume und stecken Sie sie in die Öffnung der Vase. Verfahren Sie mit allen Blumen so. Betrachten Sie den Blumenstrauß von allen Seiten, indem Sie die Vase langsam drehen. Korrigieren Sie Blumen, die noch zu weit aus der Vase herausschauen oder die zu tief hineingerutscht sind. Ziehen Sie die Blumen einzeln langsam wieder aus der Vase und legen Sie sie zurück in den Korb.

Nun kann das Kind arbeiten. Es legt am Ende der Arbeit wieder alle Blumen zurück in den Korb und bringt das Tablett zum Regal.

Fehlerkontrolle:
■ Der Blumenstrauß ergibt kein harmonisches Gesamtbild.

Weitere Möglichkeiten:
■ Tauschen Sie die Vase von Zeit zu Zeit aus.
■ Wechseln Sie die Blumen, passend zur Jahreszeit.

Transfer zum Alltag:
Das Kind kann Blumen in einer Vase anordnen.

Blumen pressen

Das benötigen Sie:
kleine Blumenpressen; Zeitungspapier; Schale; Blüten; Tablett

Das ist vorzubereiten:
Damit mehrere Kinder Blumen pressen können, ist es sinnvoll, kleine Blumenpressen –
vielleicht sogar eine für jedes Kind – selbst herzustellen. Hierzu benötigen Sie lediglich
zwei kleine Holzbretter, in deren Ecken Löcher gebohrt werden, und vier lange Schrauben
mit passenden Flügelmuttern. Legen Sie zugeschnittenes Zeitungspapier in der Größe
der Blumenpresse in der Schale bereit.

So führen Sie die Übung ein:
Stellen Sie die Blumenpresse vor sich und schrauben Sie die Flügelmuttern ab. Hierbei
kann das Kind Ihnen helfen. Legen Sie die obere Holzplatte zur Seite. Nehmen Sie 3–4
Zeitungsstücke und platzieren Sie sie auf der unteren Holzplatte. Suchen Sie eine Blüte
aus. Sie kommt auf das Zeitungspapier und wird mit weiteren Blättern bedeckt. Laden
Sie nun das Kind ein, sich eine Blüte auszusuchen und aufzulegen. Auch hierauf kommt
wieder das Zeitungspapier. Am Ende wird die Holzplatte auf die Schrauben gelegt und
mit den Flügelmuttern festgedreht.

Die Blumenpresse wird an einem mit dem Kind vereinbarten Platz 2–3 Tage aufbewahrt. Dann schauen sie gemeinsam nach, was aus den Blüten geworden ist. Eventuell
muss der Trockenprozess noch einmal mit frischem Zeitungspapier wiederholt werden.

Fehlerkontrolle:
- Blüten schauen aus der Blumenpresse heraus.
- Die gepressten Blüten ergeben kein optisch ansprechendes Bild.

Weitere Möglichkeit:
- Die Kinder pressen Gräser oder Herbstblätter.

Transfer zum Alltag:
Das Kind kennt die Handhabung einer Blumenpresse und kann Blüten, Blätter oder Gräser darin pressen, die z. B. zu Bastelarbeiten benutzt werden.

Anhang

Literatur zum Weiterlesen

Jutta BLÄSIUS (2011): »Das kann ich schon selber!«. Übungen des praktischen Lebens nach Maria Montessori, Freiburg

Antje BOSTELMANN (Hrsg.) (2008): Praxisbuch Krippenarbeit. Leben und Lernen mit Kindern unter 3, Mülheim an der Ruhr

Elise ELIOT (2001): Was geht da drinnen vor. Gehirnentwicklung in den ersten 5 Lebensjahren, Berlin

Helene HELMING (1992): Montessori-Pädagogik. Ein moderner Bildungsweg in konkreter Darstellung, 17. Aufl. Freiburg

Hildegard HOLTSTIEGE (2010): Montessori-Pädagogik für 0–4 Jahre. Ganzheitliche Bildung in Familie, Kita und Kindergarten, Freiburg

Claus-Dieter KAUL / Christiane M. WAGNER (2009): Montessori konkret, Bd. 1: Übungen des praktischen Lebens und Sinnesschulung, Augsburg

Michael KLEIN-LANDECK / Tanja PÜTZ (2011): Montessori-Pädagogik. Einführung in Theorie und Praxis, Freiburg

Ludwig LIEGLE (2007): Pädagogische Konzepte und Bildungspläne – wie stehen sie zueinander. Kindergarten heute (1) 2007, 6–12

Maria MONTESSORI (1992): Kinder sind anders, 7. Aufl. Stuttgart

Maria MONTESSORI (2005): Grundlagen meiner Pädagogik, Wiebelsheim

Maria MONTESSORI (2007): Das kreative Kind, 17. Aufl. Freiburg

Maria MONTESSORI (2010): Die Entdeckung des Kindes, Freiburg

Maria MONTESSORI (2011a): Praxishandbuch der Montessori-Methode, 2. Aufl. Freiburg

Maria MONTESSORI (2011b): Erziehung und Gesellschaft, Freiburg

Maria MONTESSORI (2011c): Das Kind in der Familie, Freiburg

Montessori. Zeitschrift für Montessori-Pädagogik 47 (2009): Heft 2, Thema: Früherziehung in der Montessori-Pädagogik

Maja PITAMIC (2006): Zeig mir mal, wie das geht! Spielen, lernen und fördern mit Methoden der Montessori-Pädagogik, München

Hans-Dietrich RAAPKE (2001): Montessori heute. Eine moderne Pädagogik für Familie, Kindergarten und Schule, Reinbek bei Hamburg

Hans-Joachim SCHMUTZLER (1991): Fröbel und Montessori, Freiburg

Tim SELDIN (2007): Kinder fördern nach Maria Montessori. So erziehen Sie Ihr Kind zu Selbstständigkeit und sozialem Verhalten, London

Manfred SPITZER (2002): Lernen. Gehirnforschung und die Schule des Lebens, Heidelberg

Ulrich STEENBERG (2008): Montessori-Pädagogik im Kindergarten, Freiburg

Dorothee VENOHR (2010): Montessori-Pädagogik: Bildung von Anfang an. Praktische Anregungen für die Arbeit mit Kindern, Donauwörth

Maria Montessori – Gesammelte Werke

In dieser Edition erscheinen seit 2010 in insgesamt 21 Bänden beim Verlag Herder die bisher veröffentlichten, aber auch eine Vielzahl noch unveröffentlichter Schriften der weltberühmten Reformpädagogin als wissenschaftliche Werkausgabe. In z.T. neuen Übersetzungen, versehen mit zahlreichen Fußnoten, Anhängen und Kommentaren zu den verschiedenen Auflagen sowie mit ergänzenden Passagen aus anderen Ausgaben vermitteln die *Gesammelten Werke* einen guten Einblick in die Entwicklung des pädagogischen Denkens Maria Montessoris und lassen die Textgenese nachvollziehen. Herausgeber der Reihe ist Prof. (em.) Dr. Harald Ludwig, Universität Münster.

Bisher sind erschienen:
- *Die Entdeckung des Kindes* als Band 1
- *Erziehung und Gesellschaft* als Band 3
- *Praxishandbuch der Montessori-Methode* als Band 4 und
- *Das Kind in der Familie* als Band 7.

Pro Jahr werden 2–3 Bände erscheinen, so dass das gesamte Werk voraussichtlich bis 2017 geschlossen vorliegen wird.

Anschriften wichtiger Montessori-Organisationen

Deutsche Montessori-Gesellschaft e.V., Butterblumenweg 5, 65201 Wiesbaden;
Tel.: 0611-2054871, Fax: 2054872; E-Mail: kontakt@montessori-gesellschaft.de;
Internet: www.montessori-gesellschaft.de.

Deutsche Montessori-Vereinigung e.V., Xantener Str. 99, 50733 Köln,
Tel. / Fax: 0221-7606610; E-Mail: info@montessori-vereinigung.de;
Internet: www.montessori-vereinigung.de.
Die Seiten informieren u. a. über Montessori-Literatur, Montessori-Diplomkurse und über
den Zertifikatskurs Frühpädagogik.

Montessori Dachverband Deutschland e.V., Feldbergstr. 2, 65830 Kriftel;
Tel.: 06192-402781, Fax: 402773; E-Mail: kontakt@montessori-deutschland.de;
Internet: www.montessori-deutschland.de.
Zusammenschluss deutscher Montessori-Organisationen. – Auch hier finden Sie Infor-
mationen z. B. über die Montessori-Pädagogik, über Diplomkurse oder Montessori-Ein-
richtungen.

Montessori Europe e.V., Postfach 1272, 53588 Bad Honnef; Tel.: 02224-9015701, Fax:
932525; E-Mail: Office@montessori-europe.com; Internet: www.montessori-europe.com.
Vereinigung von Montessori-Gesellschaften europäischer Länder.

Association Montessori Internationale (AMI), Koninginneweg 161, NL-1075 CN Amsterdam,
Niederlande; Tel.: 0031-20-6798932, Fax: 6767341; E-Mail: info@montessori-ami.org;
Internet: www.montessori-ami.org.
Internationale Montessori-Gesellschaft. – Die Seiten informieren in englischer Sprache
u. a. über Maria Montessori, über internationale Fortbildungsangebote oder Firmen, die
Montessori-Material herstellen.

Adressen von Firmen, die Montessori-Material anbieten

Angelika und Walter Radda, Lanzendorfer Str. 1, A-9130 Leibsdorf; Tel.: 0043-4224-81363
E-Mail: lmk@aon.at; Internet: www.lmk.at/uebungen.
Der Familienbetrieb bietet bereits komplett zusammengestellte Übungen incl. Arbeits-
materialien und Tablett an.

Annebeate Huber, Ahornweg 14, 86925 Fuchstal-Leeder; Tel.: 08243-3504, E-Mail: info@
annebeate-huber.de; Internet: www.annebeate-huber.de/uebungen.
Auf der Internetseite sind u. a. Abbildungen vieler »Übungen des täglichen Lebens« zu
sehen, die als Anregung für die Arbeit mit Kleinstkindern in modifizierter Form dienen
können.

Montessori-Shop, Agnes-Schwanfelder Str. 1, 96050 Bamberg; Tel.: 0951/91708297;
Internet: www.montessori-shop.de.
Das Montessori-Versandhaus bietet neben dem klassischen Montessori-Material das
sogenannte Beginner-Material für Kleinkinder an.

Nienhuis Montessori, Industriepark 14, NL-7021 BL Zelhem; Internet: www.nienhuis.com/
de: Hier finden Sie Informationen über die Toddler-Kleinkindkollektion, über die Anzieh-
Rahmen und über sehr schöne Arbeitsmaterialien zu den »Übungen des täglichen Lebens«.

Riedel GmbH, Carl-Zeiss-Str. 35, 72770 Reutlingen; Tel.: 07121-515350;
Internet: www.der-riedel.de.
Die Firma bietet als selbstständige Vertretung des Materialherstellers Nienhuis Materia-
lien zu den »Übungen des täglichen Lebens« und zur Kleinkindkollektion an.